论

陌生

LUN

MOSHENG

社会秩序的开端性想象

周红阳 著

辽宁人民出版社

图书在版编目（CIP）数据

论陌生：社会秩序的开端性想象 / 周红阳著.
沈阳：辽宁人民出版社，2024.11. -- ISBN 978-7-205-11337-7

Ⅰ. D035.34
中国国家版本馆CIP数据核字第2024WB2282号

出版发行：辽宁人民出版社
　　　　　地址：沈阳市和平区十一纬路25号　　邮编：110003
　　　　　电话：024-23284325（邮　购）　024-23284300（发行部）
　　　　　http://www.lnpph.com.cn
印　　刷：辽宁新华印务有限公司
幅面尺寸：130mm×185mm
印　　张：11.25
字　　数：171千字
出版时间：2024年11月第1版
印刷时间：2024年11月第1次印刷
责任编辑：娄　瓴
装帧设计：丁末末
责任校对：吴艳杰
书　　号：ISBN 978-7-205-11337-7

定　　价：48.00元

目
录

"以言行事"中的社会秩序构成

依傍于始自20世纪90年代的当前中国的现代性脉络，陌生是生活世界的日常性话题或主题中的一个关键词。探寻与个人行动相关涉，或与年幼孩童的日常生活紧相扣连的"陌生"，未必是旨在对"什么是陌生"的真理的建构、追问或陈述，而可能通达着"个人如何经验、把握陌生的生活世界"的意义发生脉络，或是"个人如何经验、把握社会秩序构成"的秩序叙事或秩序认同的意象。"陌生"不仅揭晓着个人尚未经验、把握的一种生活世界或生活世界中的社会秩序构成，或是由生活世界或社会秩序构成生起的种种可能的意义，也意谓着个人被投掷在生活世界的事物系连之中，对生活世界有所关念（care），关念自身在社会秩序构成中如何存在的现实性和可能性。个人始终居住在生活世界上；它是早已预先给予的，并经验为统一性。生活世界作为"一般性结构，它使得客体和事物以不同的方式出现，在不同的文化中出现"[1]。尚未经验、把握的陌生的生活世界的蕴义，是一种有待个人去经验、把握的正在到临的尚未，一种要个人继续往前到达陌生的生活世界

1　［爱尔兰］德尔默·莫兰：《现象学：一部历史的和批评的导论》，李幼蒸译，中国人民大学出版社2017年版，第204页。

的尚未。尚未经验、把握的陌生的生活世界，是一种当下"不在任何地方"和空洞的生活世界，一种"生活世界一般"或"生活世界自身"，一种尚未绽显意义，但正要绽显意义的生活世界。在个人经验、把握的尚未之中的生活世界，是于个人的在世存有中尚未具有意义的社会秩序构成，或开显着个人的在世存有的可能性的社会秩序构成。

个人如何经验、把握陌生的生活世界或社会秩序构成所蕴涵的，不是将陌生的生活世界视作一种有待界定、描述的实证之物，也不是将陌生的生活世界理解为一种个人之外的虚空或对生活世界的否定。个人如何经验、把握陌生的生活世界，是要诠释个人如何将陌生的生活世界体验为一种有意义的社会秩序构成。借由关乎陌生的日常性话语或叙说的指引，个人对陌生的生活世界的经验、把握，缘起于年幼之初的个人的在世存有的可能性。话语或叙说先于并包含在人的经验之中，话语或叙说"并不只是反映人的存在，而且是实际上使人存在"，能够把人的在世存有彰显为对生活世界的理解与自我理解。[1]年幼孩童对生活世

003

1　[爱尔兰]德尔默·莫兰：《现象学：一部历史的和批评的导论》，李幼蒸译，中国人民大学出版社2017年版，第297页。

界的一种始源性的个人经验、把握，则可能奠基于对陌生的生活世界的"实在性"的体验，或是对经由陌生的生活世界召唤出来的微观行动构架或行动规则的体验。透过以陌生为关键词的符码所贯串起来的日常性话语或叙说，或是与陌生的生活世界有着切近性的日常性话语或叙说，在在彰显出一种特定的秩序图式或生活世界的秩序构成路径的可能性。而缘于关乎陌生的话题或议题所意在指向的秩序图式或秩序构成路径，则有所歧异于经由"陌生"之外的其他关键词或符码而牵扯、凸显出来的秩序图式或秩序构成路径。

"行事性"话语或叙说的绽显

当以陌生的生活世界为旨归的日常性话语或叙说在环绕着年幼孩童的生活情境中不断衍生，或是在基于以陌生为关键词的话语或叙说所枝蔓、织造和展示的意义之中，就至少有一部分言述的目标不是旨在"陈述"某些事实的发生与否，或不是意图"陈述"生活世界的某些事实的真实与虚假，也不是意在"陈述"一种具有纯粹的文学性或

日常娱乐性的故事，而是旨在召唤或激励、约束年幼孩童
践行一种微观行动构架或行动规则的"以言语行事"。这是
一种导引年幼孩童嵌入特定行动构架或行动规则之中的
"行事性"话语或叙说，一种要求年幼孩童适当地"行事"
的话语或叙说。相别于"陈述性"话语或叙说（statement）
意在"描述"某些事态或"道出"某些事实为真或为假的
阐释性目标，[1]"行事性"话语或叙说的核心意图并非是要
达成某种理论性场域中的逻辑或诠释，而是使得话语或叙
说中的意图、行动成为生活世界的秩序构成的内容，话语
或叙说所朝向的目标，是旨在正确地理解、遵循、传播或
推进特定的微观行动构架或行动规则。"行事性"话语或叙
说彰显着话语或叙说中"谁在说话"与"谁在行动"之间
的某种密切关系，亦即话语者或叙说者的言辞意涵着一种
行动现实性或可能性，是进入社会秩序构成的历程中的一
种话语或叙说。"行事性"话语或叙说之所以不同于"陈述
性"话语或叙说，是因为一种"陈述性"话语或叙说呈现
出来的事态或事实之中，至多只能言及生活世界的"有

005

　　1　[英] J.L.奥斯汀：《如何以言行事》，顾曰国导读，外语教学与研究出版社
2012年版，第1页。

人……"、"任何人……"或"每一人……"如何如何，而不能将此等事态或事实归因于某一话语者或叙说者；但"行事性"话语或叙说显示出说话者是一个行动者，一个可能彰显话语或叙说中的事态或事实的行动者。

话语或叙说的"行事性"蕴含着"说话就是行动本身"（it is to do it）[1]。话语或叙说所聚焦的，并非是着意于"对某件事实为真实或虚假的言说"，话语或叙说"不是或不只是为了道出某些东西，而是在做事"。[2] "行事性"通达着对个人行动的敞开，一种对个人"去/给出行事"的指引，一种"在某种意义上对世界之为世界能具有组建作用"[3]的指引，一种个人有所选择、有所行动之事的可能形态。"行事性"话语或叙说是"履行某种行动"的话语或叙说，是用来做某一事的。就如缘于周遭世界中的共存行为能对此有之个人有所满足，以及能够以一种行为指向到另

1　[英] J.L. 奥斯汀：《如何以言行事》，顾曰国导读，外语教学与研究出版社2012年版，第6页。

2　[英] J.L. 奥斯汀：《如何以言行事》，顾曰国导读，外语教学与研究出版社2012年版，第25页。

3　[德] 海德格尔：《存在与时间》，陈嘉映、王庆节译，生活·读书·新知三联书店2014年版，第90页。

一种行为，"行事性"将年幼孩童个人在此地此时的行为与生活世界的社会秩序构成关连起来，使得年幼孩童能够理解秩序构成的意义，即是年幼孩童的行为"之所以具有意义，不是由于它们本身拥有某种性质，而是由于它们在某种关系上"，或在生活世界的秩序构成之中；通达着秩序构成的"关系先于实体（在），这是说，不是由于有了实体，才有关系，而是由于先有关系，才有实体"或实体之为实体的意义。[1]

生活世界的"唯一意义是作为相对于意识的世界"[2]，生活世界的话语或叙说"储藏了经验的意义"或"含藏了所有的体验的意义"。话语或叙说的"行事性"是要接触或呈显生活世界的社会秩序构成，是对社会秩序之为社会秩序或生活世界之为生活世界的意义的给出，或"行事性"是为生活世界的秩序构成实践"给出意义性，也就是世界

1　陈荣华：《海德格〈存有与时间〉阐释》，崇文书局2023年版，第70页。

2　［爱尔兰］德尔默·莫兰：《现象学：一部历史的和批评的导论》，李幼蒸译，中国人民大学出版社2017年版，第201页。

性"，而"世界性是由各种关系构成的体系"。[1]"行事性"话语或叙说显示着个人的存在模态为"我能"，即是个人能够透过说话行动来行事的可能性和现实性。"我能"通达着个人能够承担责任的行为能力，是个人主体性的一种彰显。"行事性"话语或叙说的推展，意指着年幼孩童置身在一种经由被指引者、指引者或裁断者交织起来的生活世界，或是年幼孩童以被导引者的主体界定，面对着指引者或裁断者的召唤和激励、约束，嵌入指引者或裁断者所通达的特定行动构架或行动规则之中。年幼孩童对陌生的社会秩序构成的经验、把握，时常就是经由指引者或裁断者来体验某种开显着微观行动构架或行动规则的秩序图式的意义。"陌生"并非年幼孩童个人意向中的某种先验的、纯粹的抽象之物或想象性的观念虚空，而是指向生活世界的互为主体性的意义生成，或是在生活世界界分着个人权利、义务的微观行动构架或行动规则的秩序图式。

1　陈荣华：《海德格〈存有与时间〉阐释》，崇文书局2023年版，第69—70页。

社会秩序构成的"以言行事"

个人置身其间的生活世界的社会秩序构成，是经由"一系列惯例或行为规则之复合体构成的"[1]。生活世界的制度框架、秩序图式通达着"一种有实际性、有效性语言结构，……一种以达到在同一个社群生活的意见一致或理解对手的沟通技术"[2]。制度框架、秩序图式或"秩序的运作与维持，都有赖于话语或叙说的"符号秩序"在底下予以支撑与巩固，可能展现着"符号秩序"的"行事性"话语或叙说，连接起年幼孩童的主体意向或个人的在世存有的实践可能性，及其所置身的生活世界或生活世界的秩序构成的历史脉络。表达在日常生活情境里的"行事性"的话语或叙说，也许是一种有着某种惯习性力道的言述，例如"做出像是告知、命令、告诫、许诺之类的发话行为，

009

1　［英］哈耶克：《法律、立法与自由》（第一卷），邓正来、张守东、李静冰译，中国大百科全书出版社2000年版，第16页。

2　［英］考夫曼：《法律哲学》，刘幸义等译，法律出版社2004年版，第172页。

亦即具有某种（约定成俗的）控制力"的话语或叙说，或是呈现为一种"语导性行为"，一种"经由言说某些东西来引起或取得效果的行为，像是说服、规劝、威吓，甚或是令人惊讶或具误导性的言说"[1]。

也许依凭于生活世界的某种合理性或正当性的理据，在特定的日常生活场域衍生的"行事性"话语或叙说，其特定的表达方式及其意义构成，不仅与年幼孩童正存身或上手的现成的生活世界紧相系连，也会与年幼孩童将要投到或经验、把握的陌生的生活世界密相缠结。不断系连着年幼孩童的"行事性"话语或叙说，将聚焦于激励或约束个人的微观行动构架或行动规则的构建，或是微观行动构架或行动规则的诸多内在范畴的构建，如"自我""权威或裁断""指令""规则或规矩""遵循""承诺或信赖""危险性或危害性"等筹划、导引或限定着个人行动路径的秩序性范畴的构建。

生活世界的不同秩序构成方式将可能使得日常性话语或叙说呈现出不同的作用。而日常性话语或叙说勾勒着人之在世存有的模式，或是个人的理解，个人的"在世生存

1　[英] J.L.奥斯汀：《如何以言行事》，顾曰国导读，外语教学与研究出版社2012年版，第109页。

样式得以实现之处[1]。个人是一种存有在此，能够借由不断走出现成的社会秩序构成的方式来开显自身的存有。在此一开显的过程当中，"人的理解是他存在的一种模态。人作为一个存在，本身就能理解、就能懂自己存在的可能性"，或能够理解自身在生活世界的存在的可能性。对社会秩序构成的意义的理解彰显着个人在生活世界的存在的可能性的揭露。对"行事性"话语或叙说的有所经验、把握，展现着年幼孩童对陌生的生活世界的秩序构成所可能具有的意义的介入和理解，或是始源性地生发着年幼孩童个人的分殊性秩序叙事或秩序认同。在对社会秩序构成的意义的理解或诠释之中，"行事性"话语或叙说可以归返到现象学视域中的"意向性"，或是形塑着个人意向性与生活世界的秩序构成相"关涉"的如何可能。个人无法在不意识到某物的情况下具有一种"纯粹的"意识。个人的意向性建构着自我和生活世界的个殊性关系，或是在生活世界的秩序构成的流程中构造着个人的"自我"可能性。"行事性"话语或叙说通达着年幼孩童对其所作所为的因果链条或行动

011

1　[爱尔兰]德尔默·莫兰：《现象学：一部历史的和批评的导论》，李幼蒸译，中国人民大学出版社2017年版，第297页。

脉络的关切，或是年幼孩童个人就其所置身的生活世界的秩序构成而衍生的经验脉络或诠释基模。

"行事性"话语或叙说扎根于其能够适当施用的生活世界的秩序图式或语义场域中。一种特定的社会秩序图式或语义场域中，"个人经验和历史经验都可以被客观化，并被保存和积累。当然这种积累是选择性的"。特定的秩序图式或语义场域"决定了个人和社会的总体经验中哪些被保存、哪些被遗忘。通过这种积累，一个社会知识库（social stock of knowledge）就形成了。它代代相传，被日常生活中的个人所继承"。爰此，个人是生活在一个具备特殊知识体系的"常识世界中，这个世界装载着各类知识体系"。生活世界的社会知识库包含着与个人的处境有关的知识，也透露出个人可能遭遇的限制[1]，或是个人在生活世界能够践行的行动框架的可能性。对相连着社会秩序图式或语义场域的"行事性"话语或叙说的展演，除开能够将年幼孩童带到"去行事"或"言行合一"的指谓中之外，亦为年幼孩童生产着微观行动构架或行动规则的经验性情境，或是

1　[美] 彼得・L. 伯格，托马斯・卢克曼：《现实的社会建构：知识社会学论纲》，吴肃然译，北京大学出版社2019年版，第54页。

将年幼孩童引入、交付到某种微观行动构架或行动规则的操持之中，甚或能为年幼孩童提供"什么是行动规则或行动框架"或"行动规则或行动框架如何运行"的日常性意象或体验，或将禀赋有"正当性"或"合理性"的某种行动路径或"典范"前反思性地或自明地交予年幼孩童。

第一章

到陌生的生活世界去

第一节

钻进"兔子洞"

陌生的生活世界的到临

也许陌生常起于个人对生活世界的好奇或惊讶。

在《爱丽丝幻游奇境》的故事讲述中,爱丽丝"陪着姐姐闲坐在河边没有事做,坐得好不耐烦"。正觉无聊之际,"忽然来了一只淡红眼睛的白兔子,从她旁边跑过","等到兔子当真从背心口袋里掐出一块表来,看了一下,连忙又往前走,爱丽丝登时就站了起来"。[1]"她忍不住好奇的心,就紧追着兔子,快快地跑过一片田野",跟着兔子,

---

1 〔英〕刘易斯·卡罗尔:《爱丽丝漫游奇境记》,赵元任译,贵州人民出版社2019年版,第1页。

钻进了"篱笆底下的一个大兔子洞里"。[1]一时好奇心大作的爱丽丝进入的这个兔子洞好像隧道，通向一个能让她惊叫为"越变越奇罕了！越变越希怪了"[2]的陌生的生活世界，一个似乎每一件事都非比寻常的、或充满着不可思议的"古怪"之事的陌生的生活世界。[3]穿过"兔子洞"所到达的陌生的生活世界乃如此的稀奇古怪，是一个可使得爱丽丝发觉自己的身体与其格格不入、不是太大就是太小的生活世界。对于生活在现成的或"正常的"生活世界的爱丽丝，"哪有这样过日子的"，这个陌生的生活世界里的"那些事不会真的发生"。[4]陌生的生活世界是一个不可思议的国度，一个似乎永远不知还会发生什么事的奇幻国度。

爱丽丝的好奇使其灵光一现，偏离或逸出某种"好不

---

1 ［英］刘易斯·卡罗尔：《爱丽丝漫游奇境记》，赵元任译，贵州人民出版社2019年版，第2页。

2 ［英］刘易斯·卡罗尔：《爱丽丝漫游奇境记》，赵元任译，贵州人民出版社2019年版，第10页。

3 ［英］刘易斯·卡罗尔：《爱丽丝漫游奇境记》，赵元任译，贵州人民出版社2019年版，第14页。

4 ［英］刘易斯·卡罗尔：《爱丽丝漫游奇境记》，赵元任译，贵州人民出版社2019年版，第30页。

耐烦"的、"无聊"的、正在上手的生活世界。对一种陌生
的生活情境的好奇，不仅意涵着现成的生活世界的隐没或
一种中断，一种现成性或日常性的褶皱，也呈现出一种摆
渡，从现成的生活世界摆渡到陌生的生活世界的可能性。
与现成性相照应，爱丽丝遇到的陌生的生活世界"从其自
明性和不惹人注目的性格中突显出来"，或是"以非对象性
的方式聚集而呈显出来"。[1]"兔子洞"则是一种去到也许
"越来越古奇越来越稀怪"的生活世界的通道。这是对稳靠
的现成的生活世界或"当然可见"的生活世界的穿越或跳
脱，是从本已经嵌进了确定性的生活世界转移到凸显着不
确定性的生活世界。"兔子洞"是正在当前绽露为"当然可
见"的生活世界的一种缺口或阈限，彰显着从"无需操心"
其存有的生活世界的边缘寻找一种转进"陌生"的生活世
界的通道或门槛，或是通达、譬喻着一种界限、挪移的意
象，或是诠释出一种经由现成的生活世界摆渡去陌生的生
活世界的筹划。从"当然可见"到"陌生"的转折过程中，
"陌生"的浮现是生活世界中的不寻常之事，是个人需要不

018

1　[德]黑尔德：《世界现象学》，倪梁康等译，生活·读书·新知三联书店
2003年版，第227页。

断地阐释、编织、克服甚或"熟悉"到"当然可见"的他者。

与"兔子洞"所能拥有的意涵具有"家族相似性"的叙事性或故事性符码，时常出现在关涉年幼孩童的日常性话语或叙说之中。这是一个旨在串起一种具有分划、转折或跨越的意象的符码"家族"或符码聚集，一种系连着陌生的生活世界的社会秩序构成的符码集合。在与个人意向相关联的社会世界的现象学视域中，年幼孩童体验陌生的生活世界的秩序构成的意义，是透过事物、人、各种关系和事件如何呈现在年幼孩童的意向中来进行探求的。与陌生的生活世界相系连着的、诸如"兔子洞"之类的符码能够先行指涉着一种正在上手还是尚未上手的界划。年幼孩童进入"兔子洞"一类符码之前所居留的是一种有着"普通的日常生活"的世界，一种正在上手的当前世界或现成的生活世界，这世界向着年幼孩童的"操劳寻视开放出来"，或向着年幼孩童的"有所计较开放出来"。[1]进入诸如"兔子洞"一类的生活情境之后，个人将要去到的是尚未上

1　[德]海德格尔：《存在与时间》，陈嘉映、王庆节译，生活·读书·新知三联书店2014年版，第97页。

手的生活世界或陌生的生活世界，一种将发生"各样奇妙的现象和意料之外的事件"的世界。[1]介于正在上手的生活世界与尚未上手的生活世界之间的，诸如"兔子洞"一类的生活情境或符码，就可能彰显着生活世界的秩序构成中的一种变更或跳跃，即是正在上手的或现成的生活世界将可能成为陌生的生活世界的筹划性实践，甚或是预期着陌生的生活世界的到临的实践。

在20世纪90年代以来的现代性生活世界的知识地图中，聚焦于年幼孩童的叙事图式展现出繁复的主题和话语构造。而为年幼孩童可能触及的、牵涉到"陌生"主题的叙事话语或叙事文本里，相似于"兔子洞"一类的符码就时常会是一种或明晰或模糊的叙事装置。有如在绘本《小熊进城》中的小熊能够画出所需求之物的神奇"画笔"；《不可思议的旅程》《不可思议的旅程：彩虹国度》《不可思议的旅程：回归之夜》中的小女孩能用来打开魔法世界的大门的彩色"画笔"；或是《纳尼亚传奇》中可以通向奇幻王国"纳尼亚"的"魔衣橱"；抑或《哈利·波特》中前往

---

1 ［日］松居直：《如何给孩子读绘本》，林静译，北京联合出版公司2017年版，第19页。

魔法学校的"特快列车"会自此开出的"9¾站台"之类；甚或是《爷爷一定有办法》中，用以展现出能将零碎之物装饰日子的小老鼠一家的"楼板"；或是《花婆婆》中能够让老婆婆沿着前行去撒花种子，以成就一个更美丽的世界的"道路"，都是能开启或进入陌生的生活世界的叙事装置，一种插进叙事过程的掫转之点。当掫转的象征或意象到临，就开释着或不再存贮某种"惊险一跃"的机缘，一种从无趣或琐碎的日常性生活世界中绽放出好奇或惊奇的机缘，或是含蕴着将要到临的繁复偶然性、歧义性的机缘。机缘之中，陌生的生活世界顿时"一跃"过来，使得撞见的年幼孩童"有点害怕，但同时觉得非常好奇和兴奋"。[1]
年幼孩童的"害怕"缘出于陌生的生活世界映现着某种与已然现成的生活世界的差异性，一种尚未上手的意义空缺或意义断裂；"好奇和兴奋"缘于陌生的生活世界的未知和召唤，或是如何应对陌生的生活世界所涌动的、关乎个人行动规则或行动构架的秩序起事。

1　［英］C.S.刘易斯：《纳尼亚传奇：狮子、女巫和魔衣橱》，邓嘉宛译，云南美术出版社2019年版，第5页。

陌生与生活世界的界限

于关涉年幼孩童的日常性话语或叙说中是所在多有、诸如"兔子洞"之类象征或意涵着"陌生"的叙事性设置或故事性符码，是旨在去经验、把握另外的、陌生的生活世界的导引或通道，是能够使得在现成的生活世界之外的异己性或差异性问题浮现出来的一种提醒和牵引，或是在话语或叙说的讲述过程中能够推动"陌生"凸显为一个重要问题的界限。"兔子洞"一类标识着"陌生"的符码的意蕴之一，就是召唤和揭示着现成的生活世界的边界，或现成的生活世界与陌生的生活世界之间的界限之所在。"界限就是事情终止的地方，或者说，界限就是那种不复是这个事情的东西。"[1]界限既意谓着陌生的生活世界脱离甚或否弃、再造现成的生活世界的提醒，也蕴含着要体验陌生的生活世界的需求，或可能过渡到陌生的生活世界的谨慎的判断力。界限本身就具有一种指引结构或受指引的性质。

---

1 ［德］黑格尔：《精神现象学》（上卷），贺麟、王玖兴译，上海人民出版社2013年版，第53页。

现成的生活世界作为其所是的生活世界，被指引向其边界或边界之外的、其所不是的生活世界；正是在这个方向上，陌生的生活世界得以绽放出来。现成的生活世界与陌生的生活世界之间的结缘或因缘，不仅意涵着"一事因其本性而缘某事了结"[1]，也意味着"一事因其本性而缘某事开端"。"这种'因……缘……'的关联"能够"由'指引'来指明"。[2]

当个人穿过日常性话语或叙说的文本或日常生活之中的界限，就既意涵着对现成的生活世界的一种"了结"，也揭晓着个人体验陌生的生活世界的"开端"。陌生的生活世界将能够扩展或变更个人"对于一切可能事物"的见解，丰富个人在"心灵方面的想象力"，并且减低了让心灵停止思辨的"教条式的自信"。[3]对于置身日常性话语或叙说、日常性秩序构成之中的"个人"，有待"开端"的陌生的生

1　[德]海德格尔：《存在与时间》，陈嘉映、王庆节译，生活·读书·新知三联书店2014年版，第98页。

2　[德]海德格尔：《存在与时间》，陈嘉映、王庆节译，生活·读书·新知三联书店2014年版，第98页。

3　[英]罗素：《哲学问题》，何兆武译，商务印书馆2012年版，第155页。

活世界，是一种向着个人彰显，期待个人去理解、言述或诠释的陌生的生活世界。个人的主体性或个人的行为可能性的涌现，则为现成的生活世界架设起某种去往陌生的生活世界的通道。这一架设的因缘，就是现成的生活世界向来已经先行朝着陌生的生活世界开放。因缘乃是向着陌生的生活世界而生活，关念着个人的行为可能性的存在。个人的行为可能性之为可能性，向来就有因缘。有因缘，不是对于个人的行为可能性的某种存在者层次上的规定，而是个人的行为可能性在秩序构成中的存在之"行事性"规定。因缘的何所缘，就是个人的行为可能性在秩序构成中的何所能，或是能够使自由得以彰显的个人的行为可能性在秩序构成中的何所能。个人的行为可能性的何因何缘，向来是由生活世界的"因缘整体性先行描绘出来的"[1]。生活世界的首要目的就是让个人的"自由能够显现"，或是使个人的"行动可能性之明确的可能存在成为可能"。[2]个人

1　[德]海德格尔：《存在与时间》，陈嘉映、王庆节译，生活·读书·新知三联书店2014年版，第98页。

2　[德]黑尔德：《世界现象学》，倪梁康等译，生活·读书·新知三联书店2003年版，第233页。

的自由所呈现或意涵的，是一种"纯粹是任何一个人与任一他人的平等"；换句话说，归根结底，是根基或起源的不存在，是"所有社会秩序的纯粹偶然性"[1]。

这些涉及"陌生"主题的叙事文本中，对现成的生活世界与陌生的生活世界的界限予以含纳、表征或分划、提醒的符码，既能够是某种展现为物理性或场景性标志物之类的空间性界限、地景性界限，也能够是某种展示着既定事件脉络的中断、转进或变更的时间性界限。例如"兔子洞""门""隧道""树林"之类的标识物即是空间性界限、地景性界限，"黄昏来了""大灰狼现身"或"妈妈过世""后妈进入家里""去到巫婆那里"之类叙事弧中的节点即是时间性界限。

界限不只是一种空间性质或时间性质的区域分割，更是生活世界的日常性秩序构成图景的变换之处，或界限不仅是一种叙事场域的生活事实，也是一种以个人经验世界的方式为基础的意向转折。在界限标识出个人于生活世界的浸润图式之际，界限呈放出现成的生活世界转向陌生的

1　［法］洪席耶：《歧义：政治与哲学》，刘纪蕙等译，（台湾）麦田出版社2011年版，第40页。

生活世界的可能性，也同时挪移出"空隙"或"区隔"，而使得陌生的生活世界有一条道路可以通达到现成的生活世界。这一对接有如"软得像薄纱一样"的"镜子"所隐喻的行动，在划隔开现成的、镜子外的生活世界与陌生的、镜中的生活世界之际，镜子也确实能够融化，"慢慢消散，就像一团闪亮的银色薄雾"，个人可以穿透过去，使其从镜外进到镜中的不可思议的房间里。[1]

　　象征或意象着"陌生"主题的这些叙事装置，就如一种能够开启或通达陌生的生活世界的"钥匙"或"通道"，指引着将成为一种自由行动主体的年幼孩童对生活世界的好奇或惊讶。旨在追问陌生的生活世界的本真性的好奇或惊讶，不仅意涵着一种明晰特定事物之为特定事物的义蕴的好奇或惊讶，也关系着一种从特定事物中寻绎到某种普遍性的好奇或惊讶。明晰事物的义蕴，就是要追问和把取不同事物之间的差异性。对特定事物的差异性的汲取，展现着体验陌生的生活世界的年幼孩童个人的意义脉络或诠释基模的可能组建。好奇或惊讶也架设或形塑着年幼孩童

1　［英］刘易斯·卡罗尔：《爱丽丝漫游奇境与镜中奇遇》，陈荣彬译，湖南文艺出版社2022年版，第262页。

与陌生的生活世界的相遇形态，一种生发在生活世界的秩序构成中的源初性相遇，其中绽显或遮蔽着一种年幼孩童个人对生活世界的陌生性的不停探索，而年幼孩童的一切探索的目标就是去到达自身的开端或在世存有的本真性，并首度自明性地经验该本真性。于此"首度认识"或体验秩序构成的源初性情境之中，就彰显出年幼孩童个人在陌生的生活世界如何行动的问题，或是年幼孩童个人如何经验、把握陌生的生活世界的秩序叙事或秩序认同问题。

此时存身在现成或陌生的生活世界的年幼孩童，正在经历的"年幼"意味着个人在生活世界的秩序体验活动的起点，从起点的开始或是从开端性开始，意味着去促成新的活动可能，这能够使个人创发，放手一搏，"开始自由行动"。[1]年幼孩童的"年幼"隐匿着一种个人在社会秩序构成中的开端，或是个人把握社会秩序构成的意义的开端。开端意涵着一种描述年幼孩童体验陌生的生活世界的方式，它使得年幼孩童的意向或行动从某种仍然隐藏在机械的或决定论的秩序构成的设定中解放出来。年幼孩童之为年幼，

1　[爱尔兰]德尔默·莫兰：《现象学：一部历史的和批评的导论》，李幼蒸译，中国人民大学出版社2017年版，第341页。

潜藏着年幼孩童将要在生活世界予以把捉的秩序经验或意向的开端，而开端本会是任何事情的甚为基本的部分，或谓"任何事物的开端也都是其重要的组成部分"[1]。"'开端'无论在哪种情况下都关联着'优先'和/或'在先'的意思。最后，也是最重要的，在每种情况下，指定一个'开端'都是用于得出、阐明或界定一个'在后'的时间、地点或行为的。一言以蔽之，指定一个开端，通常也就包含了指定一个继之而起的意图。"[2]年幼向着不再年幼的未来的开端，"是一个持续的、有意义的事件或过程（在时间、地点或行为上）的起始点"[3]，通达着一种对未来的生活世界的敞开或先行性地筹划、预期，或是对未来的社会秩序构成正在关念的可能性。年幼意涵着对正在经验的秩序构成的意义的尚未关念，或是指向对现在的秩序构成的回顾、反思、超越，或朝着未来的临到而沉淀下预期，为

028

---

1 ［美］庞德：《法律史解释》，邓正来译，商务印书馆2016年版，第12页。

2 ［美］萨义德：《开端：意图与方法》，章乐天译，生活·读书·新知三联书店2014年版，第21页。

3 ［美］萨义德：《开端：意图与方法》，章乐天译，生活·读书·新知三联书店2014年版，第21页。

某种将能接收到过去、现在的未来秩序构成的意义做出准备、做出诉请。

年幼孩童的年幼之中含藏的开端，表征出个人在现在的生活世界的某种不能或欠缺，即是不能或欠缺对生活世界的陌生秩序构成的意义有所经验或把握。此一种不能或欠缺，并非是一种生理性质的不能或欠缺，而是一种对社会秩序构成的意义尚未上手的不能或欠缺，一种处于"持续的、有意义的事件或过程（在时间、地点或行为上）的起始点"对于未来的暂且不能或欠缺，一种在未来之来中可能克服的不能或欠缺。年幼所存贮的开端，就是生活世界的秩序构成的意义嵌入年幼孩童的意向性之中的第一步，其将指引甚或限定着年幼孩童在生活世界把捉秩序构成的可能性。此一承接有某种可能性的或潜在性的存贮，是一种会得以在未来的秩序构成中抵达的贮藏，贮藏着也是累积着个人将要经验、把握的秩序图景，甚或贮藏或累积着个人将要误认或到达的秩序虚构、秩序幻象。在衔接或牵连起年幼孩童的意向性的开端，年幼孩童所置身的生活世界尚是一种陌生的秩序图式整体，一种有待经验、把握或不予以经验、把握的图式整体，是一种尚未在个人意向性里显现生活世界之为生活世界的本真意义的整体。年幼孩童与生活世界的开端性勾连，是社会秩序构成的意义尚未行诸年幼孩童的"认同—践行"意向中的未定牵涉。在有待年幼孩童个人开端性地为其意义"命名"的生活世界里，或有待年幼孩童开端性地认同或践行为"个人真实"的生活世界里，能界分社会秩序构成的本真意义的意义丛结、意义脉络都尚未形迹彰明，甚或生活世界整体都恭顺地绽显为无差异的类似性或同质性。开端则是对意向性的"尚未"的否定或扭转，是此一"尚未"逐渐后退或隐没到个人意向性构造的地平线之下，或是意义丛结、意义脉络在个人意向性中的正在来临。

陌生呈现的筹划之意

在年幼孩童对社会秩序构成的意义不再保持沉默的意向性开端中，对陌生的经验、把握，未必会是对陌生的一种知识性或沉思性的分析、陈述，也未必会敞亮成一种无需谨慎观照或认知的手前性存有，或亦不会是年幼孩童能够与生俱来地上手的先验存有，而是一种在年幼孩童个人意向性中的社会秩序构成的意义如何开端的始源性问题，或是年幼孩童如何开端性地把握陌生的生活世界的本真性意义的社会秩序构成问题。年幼孩童对陌生的生活世界的开端性经验、把握，是一种在现在暂且不能投入陌生的经验、把握，或是尚未能将陌生上手的经验、把握，或是有可能在未来之来中将陌生上手的经验、把握。年幼孩童经验、把握陌生的"暂且不能"或"尚未"，不是去经验、把握一种始终不能体验的陌生，也不是去经验、把握一种完全停驻在现成的生活世界之外的陌生。

年幼孩童把握陌生的个人行动的实现，要落定在对未来的筹划或预期之上，或即年幼孩童对陌生的生活世界的可能经验、把握，将立于或可能立于现成的生活世界所能够导衍出的已知地平线之上。筹划或预期投出一种意义丛结或意义脉络，以使得位居其内的个人行动都能够赋予意义。年幼孩童把握陌生的生活世界的个人行动的实现，得兼具过去性和未来性，是对一个已然有所锚定的陌生未来的践行，或是意涵着个人的"行动进行之时总是与一个隐然'预定的构想'相一致，于是，用海德格尔的话来说，从而具有'构想的特质'"[1]。在年幼孩童能得以把握或尚待年幼孩童去把握的行动路径上，陌生是能够呈现在现成生活世界的秩序构成之内的陌生，或是能与现成生活世界的秩序构成路径相对接、勾连或贯通的陌生。现成或此在开显着正在未来之来中的陌生。年幼孩童对陌生的开端性把握，是使年幼孩童能够把握生活世界的本真蕴涵的开端性把握，或是敞开或拓展着年幼孩童进入生活世界的秩序构成的开端性把握。

在年幼孩童的把握"不能"或"尚未"把握的现在，陌生会未受阻碍地在场或自由地涌现自身，或是将年幼孩童自由地阻隔在陌生之为陌生的秩序构成之外。也正是在年幼孩童的"不能之能"或"尚未之尚"的把握陌生中，对陌生之为陌生的本真意义的关念，就能够浮现出某种可能性。"不能之能"或"尚未之尚"，实乃已然揭显着一种对生活世界的关念，一种可使得陌生的意义从生活世界的因缘整体性中敞开的关念。"不能之能"或"尚未之尚"的开端性关念，让个人的"自由能够显现"，或是使个人的

---

1 ［奥］舒茨：《社会世界的意义构成》，游淙祺译，商务印书馆2012年版，第76页。

"行动可能性之明确的可能存在成为可能"[1]，抑或是让个人自由地筹划着未来的秩序构成的意义得以成为可能。年幼孩童对陌生的生活世界的"不能之能"或"尚未之尚"的把握，于伸展着陌生所含藏的潜在性能够释放为现实性的可能之际，亦已将年幼孩童个人呈现为一种能经验、把握正在遭逢的陌生主题的筹划者或预期者。去把握陌生的筹划或预期的个人行动实践，将使得年幼孩童有可能成为生活世界中的一种"现实的和有实体的"主体，而非一种"非现实的无实体的阴影"，[2]甚或是年幼孩童须得成为生活世界中的一种"现实的和有实体的"主体。

经由开端性把握中的筹划或预期的起始，年幼孩童个人的意向性对陌生的生活世界所勾勒出的意象，就能够于一种"在此/现成之外"的开显性中，将陌生在生活世界中的差异性或陌生对现成的日常秩序构成的敞开性自由施放出来。陌生的生活世界的"在此之外"或"在现成的生活

1　[德]黑尔德：《世界现象学》，倪梁康等译，生活·读书·新知三联书店2003年版，第233页。

2　[德]黑格尔：《精神现象学》（下卷），贺麟、王玖兴译，上海人民出版社2013年版，第14页。

世界之外",是"此"或"现成"的生活世界所发现的"在……之外"。在"此/现成"的开显中,陌生的生活世界也许时常会成为一种年幼孩童所期待的可能性存有,一种可能会展现于经由诸如"妈妈"此类指引者连接起来的、现成的生活世界"之外"。正如在一次对陌生的关念的叙事性勾描中,叙事中的"我"对其年幼之际的一种经验的道说,"小时候,我常伏在窗口痴想/——山那边是什么呢?/妈妈给我说过海/哦,山那边是海吗?//于是,怀着一种隐秘的想望/有一天我终于爬上了那个山顶……//在山的那边,是海!/美丽的、用信念凝成的海/今天呵,我竟没想到/一个幼时的意念却扎下了深根……//在山的那边,是海吗?/是的!朋友,请相信——/在不停地翻过无数座山后/你终会攀上这样一座山顶/而在这道山的那边,就是海呀/是一个全新的世界/在一瞬间照亮你的眼睛……"[1]此一关念着"山的那边"的"海"之所寓意的陌生的生活世界的故事讲述里,就是对"山"所限制着的"此"或"现成"的生活世界的跨越,一种在框限着现成的生活世界"之外"涌

---

1 王家新:《在山的那边》,载《王家新的诗》,人民文学出版社2001年版,第3—4页。

现的、"山的那边"的陌生的生活世界，一种能够通过"攀上这样一座山顶/而在这座山的那边"的生活世界，一种能够"在一瞬间照亮"年幼孩童的"眼睛"的"全新的世界"。

于个人的"此"或"现成之外"彰显出来的陌生的生活世界，是个人可能对其意义有所了解的生活世界。个人对陌生的生活世界的了解，不是了解其客观或本质意义，而是了解其可能意义。陌生的生活世界的意义，是现成的生活世界的个人"在存在时，在前结构的限制下整理出来的可理解性"[1]。个人的存在"总是整理意义的"，在"此/现成"之中，现成的生活世界往前投出到陌生的生活世界，整理意义，敞开着陌生的生活世界能够自由生发的繁复可能性，一种已然实现的个人行动的可能性，或是一种尚有待实现的个人行动的可能性。陌生的生活世界的可能性，是尚未澄明在现成的生活世界的地平线上的可能性，一种理解着现成的生活世界有着某种过去或现在的可能性，或是一种理解着现成的生活世界有着某种未来的可能性。陌

035

1　陈荣华：《海德格尔〈存有与时间〉阐释》，崇文书局 2023 年版，第129页。

生的生活世界中的"陌生作为陌生"的意义结构，显示着一种个人往前到达有着潜在性或现实性的生活世界去的范围。

第二节

何谓陌生的生活世界

揭晓着可能性的生活世界

年幼孩童正在或尚待上手的生活世界，"是由事实规定的，是由此诸事实即是所有的事实这一点规定的"，"事实的总和既规定了已然的事情，也规定了所有未然的事情"。[1]"已然的事情"是其意义已经为个人现成在手的事情，其所对接的是现成的生活世界，现成的生活世界意涵着"所有已然的事情"；[2]"未然的事情"是其意义尚未/尚

---

1 ［奥］维特根斯坦：《逻辑哲学论及其他》，陈启伟译，商务印书馆2014年版，第7页。

2 ［奥］维特根斯坦：《逻辑哲学论及其他》，陈启伟译，商务印书馆2014年版，第7页。

待为个人上手的事情，其所通达的是陌生的生活世界。由
现成的生活世界进到陌生的生活世界，就是要从"已然的
事情"进到"未然的事情"，或是要去经验、把握有助于从
"已然的事情"进到"未然的事情"的社会秩序的意义。彰
显着生活世界的社会秩序构成的一种直接表征，是生活世
界里能够给个人与他者的链接提供一种"互动的架构"的
行动规则、行动框架。行动规则或行动框架限定着个人的
行为选择的可能性，是一系列贯彻在生活世界中的"规章、
依循程序和伦理道德行为准则"，其目的在于约束个人对自
身福利的追求，或是约束个人行为之际的效用极大化。[1]行
动规则或行动框架经由展现为日常生活情境中的"各种禁
忌、规章条例和规劝告诫"，提供个人"在其中相互影响的
框架，使协作和竞争的关系得以确定，从而构成一个社会
特别是构成了一种……秩序"。[2]行动规则或行动框架将陌
生的生活世界与现成的生活世界接连在一起，是使得年幼

1　[美]诺思：《经济史上的结构和变革》，厉以平译，商务印书馆1992年
　　版，第196页。

2　[美]诺思：《经济史上的结构和变革》，厉以平译，商务印书馆1992年
　　版，第195页。

孩童能够从现成的生活世界抵达陌生的生活世界的通道。

　　为年幼孩童日常所触及的日常性话语或叙说之中，呈现出来的生活世界时常不是一种具有模糊性或不确定性的生活世界整体，而是某种特定的社会生活情境，或是某种与现成的生活世界有所不同的陌生的生活世界，或是关联着生活世界整体的某一部分的特定意象。例如，在绘本《爷爷一定有办法》[1]和《公园里的声音》[2]的故事之中，就展示着始终存在另一个生活世界的可能性，一个陌生的生活世界总在或正在呈现出来的可能性。绘本《城里老鼠和乡下老鼠》的故事讲述则描绘出日常性话语或叙说中的两种相互针对的微观生活世界。[3]一种是由乡下的自然地景环绕而来的生活世界，指涉着一种甚少危险性或危害性的生活世界；另一种是基于城市的人造地景而来的生活世界，意指一种夹带着危险性或危害性的偶然性的生活世界。而在诸多特定的社会生活情境的相互关连之间，有待年幼孩

1　[加]吉尔曼：《爷爷一定有办法》，宋珮译，明天出版社2013年版。

2　[英]布朗：《公园里的声音》，宋珮译，河北教育出版社2012年版。

3　[美]布雷特：《城里老鼠和乡下老鼠》，杨玲玲、彭懿译，浙江人民美术出版社2017年版。

童经验、把握的生活世界整体，则时常是天、地、神、人相互缠结的生活世界，或是一种无有既定不变的边界或限度的生活世界。

生活世界"就是作为现象的世界"，是个人的"意向性经验的相关项"[1]。经由天、地、神、人交织起来的生活世界，并非意涵着一种魔法力量和精灵世界的存有，却是寓意着一种由个人不断体验到繁复万物的生成可能性的生活世界，或是个人体验到繁复万物在"因譬相连"或"因……相连"的相互关联之中到临的生活世界整体。如《森林之子》[2]的故事讲述中，由森林里的大象、蟒蛇、狼群、老虎、猴子等物种所构成的生活世界与聚居于村落中的人类的生活世界，就本是有着某种程度的断裂或对抗的、具有异质性的两种生活世界。之中的因缘之事，是狼群偶然间救起并予以照护的、一个在森林中落单的年幼孩童"毛克利"，其在日后却成为能够沟通"森林"与"村落"这两种生活世界的媒介。相较于"森林"与"村落"之间存有断裂或对抗的可能性，

1　［爱尔兰］德尔默·莫兰：《现象学：一部历史的和批评的导论》，李幼蒸译，中国人民大学出版社2017年版，第203页。

2　［英］吉卜林：《森林之子》，颜湘如译，作家出版社2010年版。

"森林之子"毛克利通达着其间的弥合、修葺的可能性，揭显出不同类型或性质的生活世界之间无有中断的意象。

天、地、神、人相合而为一的生活世界，是一种不断涌生着能够为年幼孩童有所"知"或"未知"的意义"缘在"之境，一种有待年幼孩童的行动来持续拓展疆域的生活世界。"在这个大的空间里，……可以把一个自由的灵魂的所有品质与特色都展现出来"[1]。天、地、神、人共相通贯的境域，是尚待个人"自由的"意向性将其呈显的陌生性带入现成性的境域，或是涌现着个人可能自由地"赋予"或"衍生"意义的生活世界，"因为意义无非就是意向性的成就"[2]。天、地、神、人的意涵所趋向的，是年幼孩童对生活世界的繁复意象的可能性的一种"自然态度"，一种对关联于个人的意向性的生活世界的"命名"或指谓。天、地、神、人的意义指涉，并非是某种处于认知反思活动中的具体实在之物，而是可能想象的他者，是可能展现为某种

1　[俄] 契诃夫：转引自《重读契诃夫》，伊利亚·爱伦堡著，童道明译，燕山出版社2018年版，第112页。

2　[奥] 舒茨：《社会世界的意义构成》，游淙祺译，商务印书馆2012年版，第67页。

与年幼孩童有着"因缘性"的他者，或是使得年幼孩童"去'面对一切事物'，也就是去和存在的一切事物建立关系"的整体世界，"一个具有'看得见和看不见之一切事物'的世界"。[1]天、地、神、人为年幼孩童构筑的生活世界，给个人的行动选择及其意义操作提供着表达和展现的框限架构，亦敞开着年幼孩童在"未来之来"中将经验、把握的原初经验，其衔接的是可能将未来的"现成存在者的存在展示出来并从概念上范畴上固定下来"的生活世界。[2]

在关联着意向的社会世界的现象学路向上，天、地、神、人的生活世界能够指引着一种个人如何相互系连的社会秩序构成或行动规则、行动框架的型构，或是倚靠着个人行动的"展开状态组建起来的，也就是说，是靠现身的"行动"组建起来的"可能性。[3]此一生活世界的秩序构成框限着年幼孩童的个人行动，为个人的行动提供"实践取向"

1　[德] 皮珀：《闲暇：文化的基础》，刘森尧译，新星出版社2005年版，第109页。

2　[德] 海德格尔：《存在与时间》，陈嘉映、王庆节译，生活·读书·新知三联书店2014年版，第74页。

3　[德] 海德格尔：《存在与时间》，陈嘉映、王庆节译，生活·读书·新知三联书店2014年版，第299页。

的活动场域，是特定个人与其他人或某事物的互动场域，其秩序构成的本真性"是'实践'的，在生活世界里活动的人们，生活在由各项活动目的所构成的网络里面，各种物体大多以它所具有的工具性被赋予特定价值，人与人之间的互动及沟通也往往决定于彼此所设定的目的。总之，生活世界是一个充满价值与意义的背景场域"。[1]

天、地、神、人聚合而成的生活世界，不断涌现着年幼孩童要逢迎的"陌生"的繁复意象或意喻；或"陌生"的意象或意喻所根连的话语或叙事，会穿行在天、地、神、人的生活世界整体之内。能够蕴藏或涵括陌生性的意喻或意象，就有如关乎年幼孩童的叙事文本中的魔鬼、神灵、女巫、豌豆公主、四十大盗、青蛙王子，或是老虎、狐狸、大恶狼之类的动物。年幼孩童对天、地、神、人的陌生意象或意喻的意向性构建，不仅牵涉社会秩序图式中的客观性事实、知识的辨识，也涉及社会秩序图式中的主观性价值、个人观念或情感的规整。个人意向性与陌生意象或意喻的缠结，是个人的意向性内在于生活世界的秩序构成的

---

1 游淙祺：《胡塞尔与世间意识》，上海人民出版社2019年版，第163页。

"实践"活动，或是持续明晓社会秩序图式的内容、边界或局限性的活动。

陌生的生活世界的机遇性

陌生的生活世界的意涵不是一种客观的话语、叙说或"客观的表达"的对象，而是一种本质上为机遇性的话语、叙说或"本质上主观的和机遇性的表达"的对象。一种话语、叙说或表达之可以称为客观的，是其"仅仅通过或能够仅仅通过它的声音显现内涵而与它的含义相联系并因此而被理解，同时无须必然地考虑做陈述的人以及陈述的状况"。本质上为机遇性的话语、叙说或"本质上主观的和机遇性的表达"，则是"含有一组具有概念统一的可能含义，以至于这个表达的本质就在于，根据机遇、根据说者和他的境况来确定它的各个现时含义。只有在观看到实际的陈述状况时，在诸多互属的含义中才能最终有一个确定的含义构成"。[1]陌生的生活世界所指陈的，就如正义、好和坏、

1　[德]胡塞尔:《逻辑研究》，倪梁康译，商务印书馆2017年版，第434页。

幸福之类被用来满足日常生活的实际需要的话语、叙说所表述的，缺乏一种认知性的理论内容或是客观性的意义。陌生的生活世界的意义，不能抽离于年幼孩童的个人行动所置身的话语、叙事的发生脉络，其意义的形成将随着个人对生活世界的经验、把握的变化而改变，是一种特定意义脉络或特定行动情境中的意义显现。在年幼孩童对陌生的生活世界的现时性经验、把握中，特定的意义构成总是关联到个人正在触及的话语、叙说的展演的背景性视域和存在情境。

　　若是天、地、神、人的生活世界中的特定他者能够成为年幼孩童的现成的对象，则是其意义已然开显于年幼孩童的意向性之中，或是于年幼孩童的意向性中已然在场。而年幼孩童对陌生的生活世界的经验、把握，就是一种对意义尚未在场的生活世界的经验、把握，甚或是对一种也许会出乎年幼孩童预期的异质性秩序构成的意义的经验、把握。此一经验、把握的开端处，相连于陌生的生活世界的是年幼孩童的源初性视域。源初性视域中的天、地、神、人的生活世界是使得年幼孩童有所"惊异"的陌生者，是一种尚待意义生成或意义认同的、或真实或虚幻的世界，一种尚待界分和辨识"我者"与"他者"的世界。这一视域中呈现的天、地、神、人的生活世界，"没有任何事物是寻常或正常的——任何一块石头及其上方的任何一朵云；任何一个白日以及接续而来的任何一个夜晚；尤其是任何一种存在，这世界上任何一个人的存在"[1]。对天、地、神、人予以讲述的"行事性"话语或叙事，时常通向对意义的衍生具有某种特定诠释样态的经验、把握。

源初性视域的绽显，涵蕴着年幼孩童为生活世界的秩序构成的意义"命名"的过程，或年幼孩童在生活世界形成某种类型性的经验与感知，并据以理解和诠释生活世界的一种"以言行事"实践。源初性视域中的年幼孩童的此在之此，具有某种经验、把握陌生的生活世界的秩序构成的起始性基模，是将其对每个当下境况所赋予的意义贯通到生活世界的社会秩序整体中的起始。秉持源初性视域的年幼孩童，其源初性意指着未来的意义的整体脉络而存在，或是意指着未来之来而在场，即是向着未来到临的意义的整体脉络"道出了一种给出，一种有/它给出"，也就是在

046

1　〔波〕维斯拉瓦·辛波斯卡：《万物静默如谜》，陈黎、张芬龄译，湖南文艺出版社2016年版，第Ⅸ页。

让意义的整体脉络在场中"给出在场即存在的那种给出"。[1]相涉于源初性视域的年幼孩童的未来之来的"自我是一个自由的存有",可以在未来之来中的"意识生活的任何时刻,注意那些过去在综合中逐步构成的体验。当然也包括这些活动所具有的注意样态"。[2]对未来之来的陌生的生活世界的注意,是对于未来之来的可能想象之物的意向体验,或对居于未来之来中的陌生的生活世界"给出"个殊性的"体验的特定意义"。个人体验未来之来的特定意义,也就是朝向它的特定方式,则"存在于这些体验如何被归位到事先被给予的经验的整体脉络底下"[3]。

向着陌生的生活世界的未来之来的意义的整体脉络中,照面、造就或践行的有"内容意义"与"关涉意义"。前者通往的为"是什么"的问题状态,后者通达的为"如何是"的问题状态,或是陌生的生活世界如何呈现在意向性中的

1　[德]海德格尔:《面向思的事情》,陈小文、孙周兴译,商务印书馆2014年版,第10页。

2　[奥]舒茨:《社会世界的意义构成》,游淙祺译,商务印书馆2012年版,第103页。

3　[奥]舒茨:《社会世界的意义构成》,游淙祺译,商务印书馆2012年版,第103页。

关涉形式。"形式是某种切合于关系的东西"[1]，"形式之物的起源就在于关涉意义"，或"形式化起源于纯立场关系本身的关涉意义，而绝非源于'一般事物内容的什么'"[2]。相较于陌生的生活世界的本质内容是什么的问题，陌生的生活世界的"关涉意义"是更具源初性的根本问题。"关涉意义"是"指出践行之方向的东西"，或是使得个人经验、把握陌生的生活世界的意向性"处在那种或某种完全明确的开始方向上"[3]。陌生的生活世界在意向性中的先行"被给予者，是以切合于立场的方式而被把握的"[4]，或只能"从形式上予以自身显示。每一经验——作为经验活动也作为被经验物——都可以'被纳入现象'"[5]。"形式显示"

---

1 〔德〕海德格尔：《宗教生活现象学》，欧东明、张振华译，商务印书馆2018年版，第64页。

2 〔德〕海德格尔：《宗教生活现象学》，欧东明、张振华译，商务印书馆2018年版，第59页。

3 〔德〕海德格尔：《对亚里士多德的现象学解释：现象学研究导论》，赵卫国译，华夏出版社2012年版，第30页。

4 〔德〕海德格尔：《宗教生活现象学》，欧东明、张振华译，商务印书馆2018年版，第59页。

5 〔德〕海德格尔：《宗教生活现象学》，欧东明、张振华译，商务印书馆2018年版，第63页。

即是"要事先显示出现象的关系——然而是在一种否定的意义上，相当于警示！一个现象必须被这样地事先给出，以致它的关涉意义被维持于悬而不定之中"。陌生的生活世界的秩序构成的"关系与实现不可预先就被限定，它应维持于悬而不定之中"，"形式显示是一种防范，一种先行的保证，为的是让这个实现特性保持自由"。[1]

涌现于年幼孩童的源初性视域中的陌生的生活世界，是使得其间的事实性"摆脱了所有秩序规整，让一切都处于悬搁状态"[2]的生活世界。此一开显于"关涉意义"中的陌生的生活世界，盈溢着年幼孩童个人进入陌生的生活世界的先行性秩序构成中的可能性，也提醒和召唤着个人经验、把握陌生的生活世界的整体性秩序的必要性。正在未来之来中的整体性秩序规定、托举着"差异性"在陌生的生活世界的奠基和现身，"让某个日子跟其他日子不同，

1　［德］海德格尔：《宗教生活现象学》，欧东明、张振华译，商务印书馆2018年版，第64页。

2　［德］海德格尔：《宗教生活现象学》，欧东明、张振华译，商务印书馆2018年版，第65页。

让某一时刻跟其他时刻不同"[1]，让"我者"跟"他者"不同，让现成的生活情境与陌生的生活情境有所不同。靠倚在生活世界的整体性秩序中的个人，将不再是漂浮在诸多无有关联的情境之中的无根者或无有主体性的对象，而是生活世界的秩序构成中的真实的行动者。陌生的生活世界的整体性秩序，涵括和表征着内在于生活世界的构成要素的相互指引或牵绊，是构成要素之间"建立关联"或"彼此需要"的基架。[2]扎根在整体性秩序中的陌生的生活世界，将在年幼孩童的视域中彰显为有可能或正在上手的生活世界。

将要渐次摄取或为年幼孩童的行动构架有所铺垫的源初性视域，并非是着意于"按事物内容而得到规定的"普遍性的理论路径或观看取向，亦不是显而易见地观看天、地、神、人"已写下一切，再也没有任何需要补充的"[3]现

1　［法］安东尼·圣埃克苏佩里：《小王子》，缪咏华译，广西师范大学出版社2018年版，第112页。

2　［法］安东尼·圣埃克苏佩里：《小王子》，缪咏华译，广西师范大学出版社2018年版，第109页。

3　［波］维斯拉瓦·辛波斯卡：《万物静默如谜》，陈黎、张芬龄译，湖南文艺出版社2016年版，第Ⅷ页。

成的生活世界。保有整体性秩序的生活世界将可能是一种万物"静默"相连结的世界，能够予年幼孩童的行动场域从人与人之间的手前性事物进行拓展，去到一种能与他者生发出关连的陌生的生活世界。正是在年幼孩童站立于生活世界的整体性秩序的源初性之处，特定生活情境中的"行事性"话语、叙事文本将注目和引导年幼孩童进入到个人与陌生的生活世界保有"关涉意义"的发动之中。年幼孩童经验、把握陌生的生活世界的意义面向，就不仅能够呈现在其与恰如土地、大海、山丘、流水、树木、花朵之类事物的联系之中，也可显示在其与诸如兔子、狼、猪、绵羊、大象之类事物的相关之中。在给出整体性秩序的源初性视域中，突现出来的存在可能性表现着年幼孩童的生活面向，或是分殊的个体性在生活世界的存在模式，抑或是年幼孩童对个体性的生命实践意义的先行领悟。

在立于未来之来的意义脉络的源初性视域，年幼孩童朝向陌生的生活世界的存在，不仅是向着未来之来的"来"的可能性而存在，也是向着未来之来的"不来"的可能性而存在。要保有未来之来的"来"的可能性的先行性条件，就是去有所作为地因应未来之来的"不来"，或是有所作为地因应陌生的生活世界。因应陌生的有所作为，是要谨慎地面向、切近陌生的生活世界，谨慎对待尚未经验、把握的陌生的生活世界的危险性或危害性，或是有所筹划地判断、辨别或规避、删减、摒除陌生的秩序构成中的危险性或危害性。陌生可能通达未来之来的不确定性，甚或是个人筹划的稀缺、空无或不能。个人的筹划能够上手的社会秩序构成是"上手的东西在世界之内来照面"[1]，是个人与陌生的生活世界打交道的"上手"情态。陌生未必会划定着秩序构成的确定性，也未必会直接衍生某种秩序构成的图式，却是可能会导向秩序的裂缝或否定。在陌生的生活世界可能隐藏或携带着的、正在到来的危险性或危害性中，彰显着一种未来之来的"来"与"不来"的界限，一种对年幼孩童个人的此有的指引，使其"理解着世界，在其可能性上往前到达世界中之物去"[2]。

1　[德]海德格尔：《存在与时间》，陈嘉映、王庆节译，生活·读书·新知三联书店2014年版，第97页。

2　陈荣华：《海德格尔〈存有与时间〉阐释》，崇文书局2023年版，第44页。

第二章

主体性的现身

第一节

自我或行动主体的起始

主体性的涵义

在经验、把握陌生的生活世界的开端，总是意涵着年幼孩童的个人主体性的开端，或年幼孩童个人展现自身力量的特定主体化流程。主体性意涵着个人能够有意识的转变、思考、觉察到生活世界，可能使其本真性"成为完全的意识、活的认识和明确的观点"，并凭借和倚靠自身的行动，"自决地和自由地在自己的生活中加以贯彻，使之发生作用，得到展现"。[1]主体性指涉着个人对生活世界的秩序构成总是能够有所理解、诠释，且在此一意向性中对生活

1　[德]福禄培尔：《人的教育》，孙祖复译，人民教育出版社1991年版，第6页。

世界有所筹划，主体性亦彰显着个人在生活世界有所行动的可能性。简言之，个人的主体性具有两种特征，一种是知道自己所做判断的感知或意识能力，另一种是知道自己为何采取一定作为的行动能力。以日常语言来说，主体就是对生活世界具有一种辨识能力的人。个人的主体性是藉由某种自我肯定的行动来构成和绽显的。

立于个人主体性的开端之处的年幼孩童，正是尚待成为对生活世界的秩序生发有"意义构成"能力的行动主体，或是一种尚待拥有自由进行判断、选择的权利可能性的行动主体。如何进入陌生的生活世界的秩序构成之中，或是对何谓陌生以及如何与陌生的生活世界打交道的判断、选择，先行性的奠基之一就是年幼孩童能够拥有一种成为具谨慎判断力的行动主体的可能性，或是向着未来之来的行动主体的源初现实性。如若没有一种能够辨析"是非对错"的谨慎的辨识能力，或是没有一种能够展现自身、与自身同一的可能性，也就是没有一种结合着个人的意识、行为、权利与责任能力的主体性，年幼孩童将不能把生活世界涵摄在其意向的自由中而给予生活世界以意义，不能本真性地经验、把握陌生的生活世界。

在20世纪90年代以来的现代性生活世界的知识谱系中，关涉年幼孩童的个人主体性的"行事性"话语或叙说，时常涌现在指引者指引或护佑年幼孩童的特定生活情境中，是有着指引者的媒介的"行事性"。而兴动于生活世界的起先性"以言行事"就常是指引者对年幼孩童的以名字相称或"命名"。除此之外，具有相类似功能或目标的"以言行事"，就有诸如指引者对年幼孩童进行日常性开悟的"你是谁呢""自己想想""自己去做""你觉得呢""你要怎么做"之类问句。此种为特定的年幼孩童"命名"或提问性言述的日常行为，在于把年幼孩童的意向往其自身引导，以展现出年幼孩童与其所置身生活世界或他者的差异性，使其特定个人之为特定个人的分殊性显示于生活世界之中或彰显于他者之外。"命名"或相似的提问性言述中的着重之处，即是试图彰显年幼孩童的个人的主体性，或将年幼孩童带向使其注意/专注自身的存在情态中。在指引年幼孩童朝向自身或"自我"的态度中，"命名"或相似的提问性言述就是对特定个人的意向性的撼动，或指引年幼孩童去体验尚未界定的"自我"的可能性。给年幼孩童"命名"的名字或相似的提问性言述，是一种"本质上主观的和机遇性的"而非客观的话语、指称。[1]"命名"或相似的提问性言述将年幼孩童置放到其与指引者的召唤相应答的经验脉络中，而根据指引者及其生活情境的"机遇性"意涵来敞开年幼孩童的"自我"的现时可能性，或是给年幼孩童的未来的"自我"可能性奠基。

绘本《小蓝和小黄》[2]的故事讲述中，"小蓝"和"小黄"是两个相互喜欢的色块。当两者在无意之间融合成了色块"小绿"，暂时未能返回先前的彼此分立之"自我"，以至于不能应答各自的爸爸妈妈的相认或以名字指称之际，就伤心得掉下泪来。随着"小蓝"或"小黄"的泪水一滴一滴地流出，两者才能够从"小绿"的一体性景观中不断分离，最终重回彼此分立的"自我"之身形。双方的爸爸妈妈都不能在"小绿"中辨识出"小蓝""小黄"，就展现着用以界分"小蓝"和"小黄"的经验基模或诠释基模的隐没，或是得以承载"小蓝"的差异性或"小黄"的差异性的特定分殊性"自我"尚未造就。处于"小绿"的身形一体性意象中的"小蓝"和"小黄"的"自我"，还是寓放

---

1 ［德］胡塞尔：《逻辑研究》，倪梁康译，商务印书馆2017年版，第434页。

2 ［美］李欧·李奥尼：《小蓝和小黄》，彭懿译，明天出版社2008年版。

在某种外部形式或意象中的、有着本真性的可能性的"自我"、一种外在于"自我"的特定身形之"自我",一种尚未拥有能践行自由行动的主体性的"自我"。而"小蓝"或"小黄"的"自我"的实质性内涵或分殊性在"小绿"的意象中不能浮现出来,则根源于"小蓝"和"小黄"的暂且不能有所"言说"、不能讲述"自我"存在的故事,或不能"行事性"地操持语词、不能将"自我"的话语或叙说呈现于生活世界。在此一生活情境中显现的"自我"或"主体"的意义赋予的可能性,就等于话语或叙说表达、诠释生活世界的效应。

　　尚不能有所言述于生活世界的"小蓝"或"小黄"的分殊性"自我",寓意着年幼孩童的向着未来之来的"自我",一种有着主体性的可能性的年幼孩童的"自我"。年幼孩童的"自我"的"存在"或"不存在",就实质性地通达着某种"行事性"话语或叙说行动的"在场"或"不在场"。例如"小蓝"或"小黄"的爸爸妈妈对两者的辨认或以名字称呼,就是一种界定"小蓝"或"小黄"的特定身份的"行事性"话语或叙说,一种使得"小蓝"或"小黄"去选择触及或展现"自我"身形的指引。一个主体的"行事性"话语或叙说意涵着对个体的孤立或自我同一性的超越，主体不是"为己"而是要伸展出来"为他"的可能性和现实性，主体总是暗指着另一个能够对话的主体之在，或是一种朝向他者的经验的开放性。

"行事性"话语或叙说意谓着的话语或叙说行动，不仅揭显着特定生活情境中"谁在说话"与"谁在行动"的密切关系，也将自我展现成一种具有主体性的行动者。在"行事性"的话语或叙说行动中，一个行动归属于某一身为自我的行动者，这一行动者在"以言行事"的情境中不但意指着其有能力呈现自身的主体性，且该自我能够指称某种互为主体性之中的他者。"行事性"话语或叙说之"在场"，是要促请年幼孩童往前到达陌生的生活世界的秩序构成中去，或是对年幼孩童的主体性或分殊性"自我"的可能性有所呼喊、撼动。

"行事性"话语或叙说中的主体性

"行事性"话语或叙说的前置性的"在场"就是使得年幼孩童可能投入到意义构成的经验、把握中，去与陌生的生活世界中"存在的一切事物建立关系","去和一切存有者之总体建立关系"。[1]"自我"绽显的可能性,或"自我"的一种源初的、基本的特质之展现,就在于"具有和存在事物之总体建立关系的能力"。[2]在"行事性"话语或叙说的指引力量中,年幼孩童的"自我"与陌生的生活世界"建立关系",使其成为"可以被了解,其本质是可以理解的"生活世界。[3]"可以理解的"陌生的生活世界意谓着一种可以认知的或"真实的"生活世界的可能性,或即"行事性"话语或叙说所系属的"语言形塑真实,谁有语言,就有世界","在任何语言及任何言说中都存有一定的真实意义"。[4]

透过"行事性"话语或叙说的使用和委付,年幼孩童

1　[德]皮珀:《闲暇:文化的基础》,刘森尧译,新星出版社2005年版,第109页。

2　[德]皮珀:《闲暇:文化的基础》,刘森尧译,新星出版社2005年版,第107页。

3　[德]皮珀:《闲暇:文化的基础》,刘森尧译,新星出版社2005年版,第111页。

4　[德]考夫曼:《法律哲学》,刘幸义等译,法律出版社2004年版,第171页。

的意义建构奠基于个人对朝向未来之来的生活可能性的体验或"注意力的专注"。[1]年幼孩童对生活世界的可能意义的捕捉是个人意向性的成就，当年幼孩童的"自我"往前去到陌生的生活世界的意义构成流程中，"我就是我的世界（小世界）"，"我的语言的界限意谓我的世界的界限"。[2]在与指引者的"行事性"话语或叙说所根植的经验脉络相应答中，年幼孩童的本真的"自我"或特定的个人"辨识能力"就可能现身出来，不仅就能同陌生的生活世界的"在此"一道，"为它自己而在'此'"[3]，也会将其意向性交付到陌生的秩序构成中，使其同陌生的生活世界有所牵涉。通过"行事性"话语或叙说的撼动，年幼孩童就不再自由漂浮在陌生的生活世界之外，而起始性地取获一种面对陌生的生活世界的行动可能性，或是成为可能对陌生的生活世界去陌生化的"自我"或"有辨识能力的人"。

1　[奥]舒茨：《社会世界的意义构成》，游淙祺译，商务印书馆2012年版，第67页。

2　[奥]维特根斯坦：《逻辑哲学论及其他》，陈启伟译，商务印书馆2014年版，第73页。

3　[德]海德格尔：《存在与时间》，陈嘉映、王庆节译，生活·读书·新知三联书店2014年版，第154页。

接受或承担着"行事性"话语或叙说的指引的年幼孩童，不仅具有一种卑从于指引者或指引的"自我"的可能性，也有着一种在指引者或指引之外的未来之来中自由展现或形塑的"自我"的可能性。卑从于指引者或指引，不是固执或禁锢在指引者或指引的视框中，而是朝向指引者或指引所奠基的经验脉络或诠释基模中。在指引者或指引之外的自由展现或形塑，不是与指引者或指引的完全无所关涉、交织，而是意谓着指引者或指引所在的经验基模或诠释基模的可动性甚或必须撼动。在"卑从"或"自由"地面对指引者或指引的行动选择中，年幼孩童的"自我"就显示出现身的可能性，一种不再以"不言自明"的姿态坚固、紧密地附着于陌生的生活世界的可能性，或是使得陌生的生活世界的陌生性有所退却、限缩的可能性。

有如"小蓝和小黄"的故事讲述中，"小蓝"或"小黄"之所以伤心掉泪，就是其注意力"专注"于爸爸妈妈的以名指称所导致的有意义的体验，而非一种无意义的情绪性骚动。要凝视或领受自身爸爸妈妈的以名指称，即是一种有"自我"可能性的"卑从"；不能应答爸爸妈妈的指称时的伤心掉泪，则是有着"自我"可能性之在的"自由"

表达。"小蓝"或"小黄"对爸爸妈妈的指称的感受，将其自身拔离于陌生的生活世界的涵盖或束缚之外，揭显出其"自我"或主体性的可能存在。这是年幼孩童对生活世界有所给出的开端性操持，亦是正在到临的"自我"对陌生的生活世界所展开的"一种肯定的行动，同时却也是对它的一种否定的行动，即否定它仅仅才是直接的或仅仅才是目的这个片面性"[1]。"否定它"绽显着"自我"的现实性或敞开着"自我"的潜在性，或是敞开着"自我"得以绽显的可能性。对陌生的生活世界有所给出的开端性操持，是一种对"自我"的本真性存在能够自由绽显在陌生的生活世界的奠基行动。

在"小熊宝宝绘本"系列的《大声回答"哎"》[2]的故事讲述之中，就是通过"小熊宝宝"所寓含的年幼孩童与指引者之间进行简洁游戏的生活情境，以"哎"的应答语解蔽着生活世界对其"自我"的涵盖或束缚。旨在"以言

1　[德] 黑格尔：《精神现象学》（上卷），贺麟、王玖兴译，上海人民出版社2013年版，第65页。

2　[日] 佐佐木洋子：《大声回答"哎"》，蒲蒲兰译，新世纪出版社2007年版。

行事"的"哎"的表达行动所蕴涵的可能性，揭晓着一种借由"表达的模式"来彰显的政治活动，一种"将一个身体从原先被给定的场所中移动或改变该场所目的的任何活动。它使原本没有场所、不可见的变成可见"，或"成为能够被理解的论述"的活动。[1]做出"哎"或不"哎"的自由行动，通往着年幼孩童对生活世界的特定情境的意义的经验，是年幼孩童对"自我"可能性的尚未之"沉默"或"虚空"的否定，或是对未能成为自由行动主体的"不可能"的否定。"哎"或不"哎"的应答行动，使得年幼孩童的"自我"的源初现实性显现在陌生的生活世界或指引者的视域，是一种凸显年幼孩童的"自我"的可能性或源初现实性的有意义的行动。在"哎"还是不"哎"的答语行动之间的践行，不仅召唤着年幼孩童该如何择取正确行动的"言传之知"或"意会之知"的判断或选择，也彰显出年幼孩童正在精进优化自身在陌生的生活世界的经验、把握。能够对"哎"或不"哎"的"以言行事"有所把握，意涵着年幼孩童对此前一直是隐没不语的"虚无之我"或

1　[法]朗西埃：《歧义：政治与哲学》，刘纪蕙等译，西北大学出版社2015年版，第48页。

"隐匿之我"的可能性与现实性的刺穿，或是正在择取旨在翻转其自身主体性的"缺席"或"不在场"的行动，使其自身能够站立、分别于指引者之前，以至其分殊性"自我"得以显形为自身的"自我"，得以作为此在而存在。

彰显于自由行动的主体性

"自我"或借由自由行动来呈现的主体性之所以成为一个有待年幼孩童来彰显的问题，"是由于'世界是我的世界'"[1]。"自我"的"存在"表征着"我的世界"的"在场"，也显黯出外在于"自我"的他者的"在场"。"我"的此在的"存在"不仅是对生活世界里的他者的接受或承认，也是对他者的一种揭显。在"自我"与他者的相互对照和缠结之中，"自我"与他者共同组建或参与着生活世界的秩序构成。在"哎"或不"哎"之间的有所"行事"，将年幼孩童送交到"自我"之为"自我"与他者之为他者的划界可能性中。"自我就是过渡，即从无差别的无规定性过渡到

---

1 ［奥］维特根斯坦：《逻辑哲学论及其他》，陈启伟译，商务印书馆2014年版，第75页。

区分、规定和设定一个规定性作为一种内容和对象"[1]；年幼孩童之"我不光希求而已，而且希求某事物"，"希求某事物，这就是界限、否定"。[2]对"哎"或不"哎"的应答的运持，将掀动着年幼孩童对其"自我"的尚未建构，或是敞开生活世界对年幼孩童的主体性的遮蔽。在此一运持之前，主客体之间尚未完全分化，甚或年幼孩童根本没有意识到主客体完全没有分化的状态。选择回答"哎"还是不答以"哎"的"以言行事"的做出，则通达着自我"通过把它自身设定为一个特定的东西，……进入到一般的定在。这就是自我……特殊化"[3]的绽显出来。借由"哎"或不"哎"的"行事"，年幼孩童展现着其"自我"之有还是没有的"界限"或差异性，或是以"自我"的行动在生活世界"区分、规定和设定一个规定性作为一种内容和对象"的起始性触及。

1　［德］黑格尔：《法哲学原理》，范扬、张企泰译，商务印书馆1961版，第18页。

2　［德］黑格尔：《法哲学原理》，范扬、张企泰译，商务印书馆1961版，第19页。

3　［德］黑格尔：《法哲学原理》，范扬、张企泰译，商务印书馆1961版，第18页。

　　在日常性话语或叙说之中，与年幼孩童之"哎"的"以言行事"相似的此等行动，如对指引者或指引能够答之以"嗯"或"点头"之类的话语或叙说的操练、践行，就总在投射使其观看到指引者以指引的方式存在的可能性，不论这个指引者的符码可以标识为"妈妈""爸爸"还是另外的称谓，亦总是鼓舞着年幼孩童对陌生的生活世界或陌生的他者的一种起初性接受或承认。对"哎""嗯"或"点头"之类"以言行事"行为的日常性操练、践行，将使年幼孩童不断体验到"自我"已经置身于既定的存在情境，一种让年幼孩童的意向性能注视、关注"自我"的现成的生活世界，并会持续生成着年幼孩童与指引者之间相互朝向或归属的秩序叙事。年幼孩童对"哎""嗯"或"点头"之类"行事性"话语或叙说的练习，涵育着个人对生活世界的他者的行动可能性的判别，是一种将年幼孩童造就成"有辨识能力"的自由行动主体的先行性实践，也是一种先行于个人对"是非对错"如"善/恶""正当/不正当""合理/不合理"的经验、把握的奠基性操作。处于此等"哎""嗯"或"点头"之类"以言行事"行为之际的年幼孩童，开始出现概念化的体验，而不再停留在一种活动基模和概念之间的中途，能够经由足够的客观距离来对待眼前的情境。[1]以"哎""嗯"或"点头"之类的话语或叙说作答，意谓着年幼孩童将其自身与指引者或陌生的生活世界关联起来的建构，即是从相当极端的自我中心，过渡到相对的解除自身中心化，以及通过某种"组成性功能"来发现某些自身和客体的关系，[2]或是能体验到其与指引者或陌生的生活世界之间的某种秩序构成方式。

不论是指引者对年幼孩童的指引，还是年幼孩童与指引者的因缘整体，总是根植于指引者与年幼孩童的现时言述脉络和特定的生活情境，或是指引者的指引所倚靠着的经验基模或行动模型、行动构架。在指引者有所指引的日常性秩序叙事中，答之以"哎""嗯"或"点头"之类行为的年幼孩童，其"自我"或"自由行动主体"将绽开在此存在的可能性，一种依循指引者去找寻或实现"自我"的此在可能性。"自我"或"自由行动主体"的可能性的绽

1　〔瑞士〕皮亚杰：《发生认识论原理》，王宪钿等译，商务印书馆1981年版，第33页。

2　〔瑞士〕皮亚杰：《发生认识论原理》，王宪钿等译，商务印书馆1981年版，第34页。

显，是"由于并且也就因为它是为另一个自在自为的自我意识而存在的；这就是说，它所以存在只是由于被对方承认"。[1]"自我"或"自由行动主体""唯有通过它的对方它才是它自己"。[2]年幼孩童体验到"自我"或"自由行动主体"的实现的可能性，将彰显于从对陌生的生活世界或陌生的他者的统摄里的返回，一种经由指引者的"指引"而来的返回或再造。年幼孩童的"自我"可能性的现身，"必定靠总已寓于某个'熟悉的'世界并且必定从这种寓世的存在出发来为自己制定方向"。[3]

指引者的指引为年幼孩童的"自我"一般性或形式性地设定着可能的方向，而具体性的、事实性的或有着分殊性的"存在领悟"的"自我"，则需要年幼孩童在处于未来之来的生活情境中自行实现。指引者之指引中的一般性或形式性的设定，揭显着年幼孩童能够用以经验、把握"自

069

1　[德]黑格尔：《精神现象学》（上卷），贺麟、王玖兴译，上海人民出版社2013年版，第181页。

2　[德]黑格尔：《精神现象学》（上卷），贺麟、王玖兴译，上海人民出版社2013年版，第178页。

3　[德]海德格尔：《存在与时间》，陈嘉映、王庆节译，生活·读书·新知三联书店2014年版，第127页。

我"或"自由行动主体"的奠基性诠释基模或概念、"概念架构",或是年幼孩童的意义脉络或经验基模在"形式上"的源初性可能。在指引者指引到的蕴义之中,年幼孩童的"自我"可能性就连属到一种方向性的导引作用或存在契机,如此这般随同指引者与年幼孩童相互开放的因缘,年幼孩童答以"哎"、"嗯"或"点头"之类的"以言行事",就使其进入或定位到正界分着"自我"或"自由行动主体"的经验基模或诠释基模的有所择取之中,或呈现着年幼孩童正在借道指引者而成为一种具有现实性的"自我"或"自由行动主体"的起始。

　　年幼孩童对指引者的指引的注意或借道、把持,不仅表现出年幼孩童与指引者所扎根的经验基模或概念、概念架构的依存性关联,也展示出年幼孩童之"自我"正定向到某一行动路径的经验基模或诠释基模,一种指引者指引的特定行动目标或行动主体的可能性。在年幼孩童领会、起意运用或操持诸如"哎"、"嗯"或"点头"之类话语或叙说的"行事"中,指引者的指引倚靠着的经验基模或概念、概念架构将一般性地设定着年幼孩童的未来之来,即方向性地构设年幼孩童对陌生的生活世界的源初性经验、把握，甚或过滤年幼孩童对陌生的生活世界的源初性"辨识能力"，使其现时性地局限在一种特定的意义构成情境的地平线上。在指引者的指引作为未被质疑的"一般设定"的媒介流程中，年幼孩童与指引者置身于一个"共同的、互为主体的世界"[1]。在此等"一体而共同的"意义构成情境中，年幼孩童将环绕着指引者的指引所扎根的概念、概念架构的客观意义核心，起始性地生成着其自身经验、把握陌生的生活世界的"自然态度"。

1　〔奥〕舒茨：《社会世界的意义构成》，游淙祺译，商务印书馆2012年版，第237页。

谨慎的自我或行动主体

主体性的本真绽显

为达成从现成的生活世界去到陌生的生活世界的谨慎跨越，就时常有着对年幼孩童进行跨越的可能性或必要性做出某种界定的"以言行事"的实践。一种贯穿在生活世界的日常性话语或叙说中的"以言行事"，就是指引者对年幼孩童的谨慎的判断力的提醒、开示或导引、形塑，诸如指引者对年幼孩童进行告知或说服、劝服的"小心点""注意一点""别急""不要冲动""别动不动就……""好好想想""想明白了吗""三思而后行"之类祈使性言述即是。此种对年幼孩童提出的祈使性言述，经由强调或凸显出"表示动作或行为的动词或动词性结构"所通往的"行事性"意向，[1]旨在将年幼孩童带向一种成为谨慎的自我或行动主体的可能性，或是使年幼孩童进到能对陌生的生活世界有"辨识能力"的紧要之处，也就是先行性地对生活世界中的现成与陌生之间的划界有所筹划，对陌生之为陌生有所操心。在年幼孩童与陌生的生活世界相交织的可能性之中，个人或主体性的"谨慎"行动意涵着个人对陌生的生活世界的体验，要正如陌生的生活世界的本真性的显示。陌生的生活世界如何显示，年幼孩童就当如何体验。主体性的"谨慎"呈现着个人对陌生的生活世界的体验是一种具有本真性的体验。

藉由其在世存有的各种生活型态，以及经由该种生活型态来体验其自身的行动表现，年幼孩童的主体性得以呈现出来。而可能安顿于陌生的生活世界之中的生活型态，或是对陌生的生活世界有着谨慎的经验、把握，并非只是使年幼孩童停驻于其直接或间接就指引者的指引所做的照搬或模仿之中，却是个人的现有已知的经验基模或秩序图式、行动架构在指引之下的敞开，或是个人基于指引的视

---

1 朱德熙：《语法讲义》，商务印书馆1982年版，第205页。

域而生成的意向性体验，通达着个人主体性在指引者的指引之外的自生自发的涌现。谨慎的个人或行动主体的意向构成中有着一种指向自身之外即陌生的生活世界的超越性。谨慎地体验陌生的生活世界，展现着个人对其自身与陌生之为陌生的本真性要保持一致的用心。年幼孩童已然与其保持一致的生活世界，是年幼孩童的行动模式能够顺遂无碍的生活世界。顺遂无碍并非意指着年幼孩童不逾矩，或处于一个没有危险性的生活世界，或未必是一个当然有着"是"、"否"与"当"、"不当"之判然分别的生活世界，而是年幼孩童置身于一个能为其现成上手的生活世界。生活世界成为年幼孩童现成称手对象的上手状态，是一种表明其与陌生的生活世界有所区隔的上手状态，或即是年幼孩童对生活世界的意向性构建正持有某种"纯粹的自身同一性和统一性"。上手状态通达着个人的秩序叙事或秩序认同的融贯性，或意指着无需安置"他物和异化"，或是"并没严肃地对待他物和异化，以及这种异化的克服问题"之无有。[1]年幼孩童对生活世界具有一种上手性，就是对生活世

1　[德]黑格尔：《精神现象学》（上卷），贺麟、王玖兴译，上海人民出版社2013年版，第62页。

界中赋有"他物和异化"之可能性的陌生已然有所消解、悬隔或形塑、再造。

谨慎地经验、把握陌生的生活世界的内在意涵，聚焦于个人对陌生的生活世界的明晰性审视、信受的可能性，或是个人觉察其自身的意义脉络或诠释基模的边界或限度的可能性。个人对陌生的生活世界的明晰性审视或贯穿着明晰性判断力的体验"旨在让他人作为他人而说话，而这里所谓他人，是指可各依其自由而下不同判断的人"，或是"对于他人自由的尊重"。[1]在年幼孩童对陌生的生活世界予以谨慎地经验、把握的起始之处，揭显着其能够对自身在生活世界里的判断、选择的限度或边界有所察觉或敬畏，也就是年幼孩童能对生活世界中的"是"、"否"与"当"、"不当"之间的分别有所关念或辨识，以使得"是"、"否"与"当"、"不当"在秩序构成中的界线、差异能够或多或少地彰显在年幼孩童个人的视域之内，或是年幼孩童能够对生活世界中的秩序构成的本真性有所体验。在年幼孩童闯进或挂连到陌生的生活世界的谨慎体验中，陌生之为陌

1　[德]黑尔德：《世界现象学》，倪梁康等译，生活・读书・新知三联书店2003年版，第233页。

生的秩序本真性并不会整体性地彰显为一种清晰可辨的构架，或"不是一个被明确界定而且可清楚区别的存有，而是持续不断地从一个当下与如此到一个新的当下与如此的转变"[1]。陌生的生活世界是当下、未来都可能位于个人的体验流程之内的异质性或他者。

在如何经验、把握陌生的生活世界的谨慎判断力中，年幼孩童的一种起先性的意向性体验是对陌生的生活世界有着不可预期的惊愕或畏怯，或一种对个人如何置身陌生的生活世界的权责可能性的畏怯。有待个人去谨慎经验和把握的陌生的生活世界的秩序构成中，"总是一再有新的'机会'会提供给行动，因此也就总是有其他行动'是适时的'或者是'不适时的'。对一个特定的决定来说，有一个'时机成熟'的时刻，但……也可能'错失'它。意识到特定的决定有适时与否之'瞬间'"[2]，这种体验就能够成为年幼孩童谨慎经验、把握陌生的生活世界的基本组件。陌

1　[奥]舒茨：《社会世界的意义构成》，游淙祺译，商务印书馆2012年版，第59页。

2　[德]黑尔德：《世界现象学》，倪梁康等译，生活·读书·新知三联书店2003年版，第234页。

生的生活世界是年幼孩童个人要有所操练和筹划的未来之来，是对正处于未来之来中的异质性有所敞开的不断体验。陌生揭显着自我与他者的对照，或是"同一"与"差异"的区辨、界限。对陌生的生活世界的谨慎体验、关切或上手，是个人渐次经验、把握陌生的生活世界的秩序叙事或秩序认同的过程，或是个人渐次将生活世界的陌生性或异质性上手为现成性的过程。

主体性绽显的范围和界限

在关涉着年幼孩童的谨慎判断力的日常性话语或叙说中，有一则常见的故事或儿歌是《小兔子乖乖》[1]，其中设定的秩序叙事情境是小兔子要如何应对陌生的生活世界，或是如何判断和措置陌生的生活世界里的危险性或危害性。故事讲述中，于白兔妈妈从家中外出之后，寓意着危险性或危害性的"大灰狼"冒充白兔妈妈，想要进屋吃掉兔宝宝们，但给聪明的兔宝宝们识破，未能如愿。待白兔妈妈

---

1 黎锦晖：《小兔子乖乖》，安徽少年儿童出版社2014年版。

回家，她就开心地夸赞着宝宝们的聪明。此一故事的一个流行性版本是："小兔子乖乖，把门儿开开，快点儿开开，我要进来。不开不开，我不开，妈妈没回来，谁来也不开。小兔子乖乖，把门儿开开，快点儿开开，我要进来。就开就开，我就开，妈妈回来了，我就把门开。"

故事的叙事进程中，小兔子的"开门"还是"不开门"所道出的一种意象，就是年幼孩童在经验、把握陌生的生活世界之际当有的一种谨慎。透过对由"门"的意象所表征出来的界限或转折之意的关念，年幼孩童去"开"还是"不开"的行动选择就揭显着个人对陌生的生活世界的惊愕或畏怯，或是使得个人能谨慎对待生活世界的判断力的重要。在年幼孩童的日常性话语或叙说中，不论是在《小兔子乖乖》的叙事中的"不开门"，还是在《狼和七只小羊》[1]的叙事中的"把门打开"，"开门"或"不开门"都能够成为如何安放、经营陌生的生活世界的秩序叙事的一种隐喻，一种个人如何对待生活世界里的行动流程中的界限或局限性的隐喻。

1　[德]格林兄弟：《狼和七只小羊》，王星译，新星出版社2014年版。

"门"的意象不同于"圈"的意象，"圈"的意象不具有"门"的意象的开放性意涵。"圈"的意象标识着"圈内"的生活世界与"圈外"生活世界的殊异性，"圈"寓意着对个人的行动路径或行动可能性的一种界域的筑立和设定。如在《西游记》的第五十回《情乱性从因爱欲 神昏心动遇魔头》中，述及唐僧赶路过累、要有一歇息之际，让孙悟空去化斋，孙悟空于是言道："师父，我知你没甚坐性，我与你个安身法。"随即取出金箍棒晃动一下，在地上画出来一道圈，使唐僧坐在圈的中间，左右侍立着八戒、沙僧，马和行李则放在近身。孙悟空对唐僧言道："老孙画的这圈，强似那铜墙铁壁。凭他什么狼虫虎豹、妖魔鬼怪，俱莫敢近。但只不许你们走出圈外，只在中间稳坐，包你无虞；但若出了圈儿，定遭毒手。千万！千万！至嘱！至嘱！"[1]此一叙事中的"圈内"就是一种能够隔离危险性或危害性的生活场域，而"圈外"的生活世界是"圈内"之人"定遭"危险性或危害性的场域。"圈外"的生活世界流布着"妖魔鬼怪"在在施行的蛊惑、诱引、诈欺、杀害之

---

1 吴承恩：《西游记》，商务印书馆2016年版，第432页。

类的危险性或危害性，是"圈内"之人所陌生的、难以甚
或根本不能上手的生活世界。

在对陌生与现成之间的界限予以表述或象征之外，
"门"的意象亦有着一种对欠乏或未来之来的言说。"门"
的意象不仅表征着对抗或否定陌生的生活世界的庇护结构
之意，也呈送出接迎或去往陌生的生活世界的寓意。相较
于现成的生活世界，陌生的生活世界播散出某种迷惑、劝
诱或牵引个人的激励性力量，一种有待尚未知悉"陌生"
的年幼孩童进入的开放性图景。陌生的生活世界并非一种
不可能，而是一种对有可能的或未来的秩序构成路径的
"现成性"的蕴涵。"门"的装置所构筑的意象诠释着陌生
的生活世界能够呈现其本真性的入口或通路，或是个人借
由某一视域或行动构架、规则来体验陌生的生活世界。
"门"是个人对陌生的生活世界的体验的"开"和"关"的
汇聚，是一种个人躲避、对抗与体验、投入陌生之为陌生
的本真性的围合之处。"门"不仅意味着对"门"内的现成
生活世界的围护、屏蔽或捍卫，表征出"门"内的现成生
活世界的"藏匿"或"防御"姿态，也勾画着个人用以体
验和拓展"门"外的或未来将临的陌生的生活世界的通道。

"开门"还是"不开门",则展现和证验着个人的意向构成中的正确、有度与否,或是行动中的能否了然于进退有据。

关涉到年幼孩童的日常性话语或叙说中的"门"的意象,无异于是一种彰显着生活世界的秩序构成进程中的转折或变动的勾画,是对个人的特定微观行动境遇的告知或指明。在经由"门"的意象对"门"内的现成生活世界与"门"外的陌生生活世界予以分划和区辨的界定中,一种需要谨慎对待"门"内的现成生活世界与"门"外的陌生生活世界之间的异质性的必要性就绽显出来。"门"在生活世界的设置意味着生活世界不是径直铺展在一种同质性或任由同质性蔓延、渗透的连续性秩序构成。"门"之内与"门"之外的分隔清晰地映现出生活世界所衍生的秩序构成是一种布满着繁复异质性的秩序构成,一种可能由"陌生"或"熟悉"的感知、想象或经验所萦绕的秩序构成。通过"门"的意象来规划或给定的分割,"门"之内的生活世界是为个人现成在手的生活世界,一种个人意向性的示现和运行有所畅通和透明的生活世界。"门"之外的生活世界是"陌生者"所在的生活世界,一种对个人意向性的示露和展开有所阻塞和不确定的生活世界。"门"既展现出"门"内的生活世界的限度，也提醒着"门"外的生活世界的可能性。在年幼孩童的有潜能性的视域中，"门"的存在不仅宣示着对"门"外的"陌生"的不确定性的警惕、关闭甚或不就范、抗拒，也对居于"门"内的年幼孩童倾泻出一种慎重护持之能，为年幼孩童提供一种阻挡或中断"陌生"的不确定性的障碍物或辅助物、支援物。当年幼孩童在"年幼"的现时"隐迹"于"门"内的生活世界，未必是对"门"内生活世界的眷恋和依赖，却是对"门"外生活世界所存在的不确定的危险性或危害性的拒绝或净化。

正如《小兔子乖乖》或《狼和七只小羊》一类秩序叙事中（以"妈妈"标识的）指引者为年幼孩童所做的筹划，"门"将年幼孩童安置在一种与"陌生"有所区隔的境遇中，或是适宜于年幼孩童的当下言述脉络、特定的生活情境及其所倚靠着的经验基模或行动模型、行动构架之中。"门"的设置是可能知悉"陌生"的识知者或指引者给尚未知悉"陌生"的年幼孩童设置的守护或屏障。不论是已然知悉陌生之为陌生的本真性的识知者或指引者，还是尚未知悉"陌生"的年幼孩童，"门"都能够作为处置"陌生"的行动策略的构成要素或部分。"门"的意象不仅意涵着一种督促、规劝年幼孩童谨慎对待陌生生活世界的不确定性的告诫或警醒，也隐含着知悉"陌生"的识知者或经验者递送给尚未知悉"陌生"的年幼孩童的指引或教导。"门"的意象承载着一种"陌生"与"熟悉"之间的勾连，一种能够使得"门"内的生活世界与"门"外的生活世界相互贯通和往来的勾连。在"门"的意象的标示和分隔过程中，"门"界画出一种为个人现成上手的生活世界的有与无，一种秩序构成的可能性或开放性。立于"门"内的是现成的生活世界的有，立于"门"外的是现成的生活世界的无，一种或许是能够从当下之无转换到未来之有的现成性的无，亦或是一种始终会滞留在无之中的现成性的无。"门"是凸显个人如何谨慎地体验陌生的生活世界的一种特定意象，一种能够对生活世界的现成性与陌生性之间的歧异予以提醒的构造物。

在为"陌生"立下一种封堵或对抗的可能性之时，"门"也为陌生的生活世界立下一种敞开和接纳的可能性，一种对既有的"门"内的现成上手性的超越甚或再造。"门"的设置为尚未知悉"陌生"的识知者或体验者提供一种朝向"陌生"的标志物，一种催促尚未知悉"陌生"的识知者或体验者有所准备的标志物。在"门"做出截断和庇护的"门"内的生活世界,尚未知悉"陌生"的识知者或体验者将能够逐渐操练如何处置"陌生"问题的行动策略。年幼孩童对"门"外的陌生的生活世界的体验或行动应对,不是一种步骤性实践,而是一种目的论实践。

步骤性实践意指着个人的行动只是循规蹈矩,亦即只是遵循一系列已然得到设定的制度规范或操作程序。在进行此类实践之际,该制度规范或操作程序已经把目标定义为行动步骤的终点或中止之处。该制度规范或操作程序不是达到目标的一种行为方式,而是对目标做出了根本性的筹划,定义或设置了目标。目的论实践则与步骤性实践有所不同。为了达成目标,目的论实践需要年幼孩童个人选择某种行为方式,因此,年幼孩童个人在种种可运用的行为方式之间要有所权衡和取舍,或对应用某种行为方式的可能性进行判断、选择。在年幼孩童经验、把握陌生的生活世界的过程中,个人时常不可能仅靠按部就班遵循规范者或指引者提供的行动规则或构架就能通往目标。为了达成目标,年幼孩童个人就必须自主做出一些判断和选择,添加某种个殊性的知识或经验。如以好奇之心来尝试着观察日常生活世界，也就是有热情地关切生活世界，愿意诚恳地投入自己的心力，[1]并寻找能够运用的可行方法和可采取的策略，借以达成期待或目标。对陌生的生活世界的经验、把握，时常需要年幼孩童个人的主动决断，亦即是做出相系于个人主体性的谨慎的判断和行动选择。

在通往陌生的生活世界的行动抉择中，年幼孩童的起先性判断是如何限制或隔断陌生的生活世界的危险性或危害性。陌生的生活世界之为陌生的本真性所释放出来的基本意涵中，不仅含藏着难以预期甚或根本不能预期的危险性或危害性，也含藏着有助于衍生年幼孩童的主体性或自由体验生活世界的机缘。对陌生的经验、把握，不仅指涉着对如何规避或删减、屏蔽危险性或危害性的未来之事有所澄析，也意指对如何运用有助于衍生年幼孩童的主体性或自由体验生活世界的机缘之事有所筹划。陌生的生活世界含蕴着一种尚未受到已有的、现成上手的生活世界的束缚的可能性，或是通达着一种能够激励个人的自由行动触及或达成诸多权责可能性的实践情境，一种个人把握或进

085

---

1 毕恒达：《教授为什么没告诉我》，法律出版社2007年版，第15页。

入生活世界的秩序构成的路径。"陌生"不仅是生活世界提呈给年幼孩童的一种概念或语辞，也是生活世界施加给年幼孩童的一种行动构架或场域，一种将要激励和约束着年幼孩童择取何种行动规则或行动框架的场域。谨慎地经验、把握陌生的生活世界的目标，就旨在能够各如其所是地经验、把握内生于陌生中的繁复可能性，使得年幼孩童拥有主体性或自由地体验生活世界，或促动着当作为生活世界的目的而非手段的个人主体性的真正现身。因为"人类要成为思考中高贵而美丽的对象，不能靠着把自身中一切个人性的东西都磨成一律，而要靠在他人权利和利益所许的限度之内把它培养起来和发扬出来"[1]。在对陌生的生活世界的谨慎经验、把握进程中，年幼孩童将不再是住在"永无乡"的永远也长不大的男孩彼得·潘。

---

1 ［英］密尔：《论自由》，许宝骙译，商务印书馆1998年版，第74页。

第三章

权威的共在

权威的根植

权威的日常性呈现

生活世界的社会秩序构成中，能够标识着个人/主体的"辨识能力""是否适当"的"行事性"日常话语或叙说，就有诸如乖与不乖、真与假、好与不好或坏、可以与不可以、善与恶、是与非、对与错。"乖""不乖""乖乖""好宝宝"或以"乖"或"不乖"为议题之类，则时常是置身生活世界的年幼孩童先行性获悉或面对的话语或叙说。以"乖"或"不乖"为议题的"行事性"日常话语或叙说，就开启和收拢着指引者与年幼孩童之间的互动连结，或意涵着指引者能对年幼孩童的主体性或行动取径的适当性予以某种定位。在以"乖"或"不乖"为议题的指引中，先行预设着一种使得年幼孩童能进入未来的秩序构成中的筹划者，一种对"乖""不乖"或"好宝宝""坏宝宝"进行分划、界定的诠释性的或裁断性的权力，或是一种外在于年幼孩童之"自我"的裁断者或权威的意象就现身出来，或指引者成为裁断者或权威的可能性就绽显而出。裁断者或权威是一种能够对年幼孩童的行动进行激励和约束的特殊施事者，或是能够对年幼孩童的行动的"实践性理由"有所诠释的运持者。裁断者或权威的一种本质性内涵指向个人的服从，即裁断者或权威据有"实施某些行为的能力"[1]。而裁断者或权威之所以存在的一种根由，源于比起年幼孩童自身的判断，遵从指引者的判断是有正当理由的。[2]就年幼孩童的当下个人行动的正确性有所塑造的裁断者或权威，通达或肯定着能对生活世界里的任何分殊性个人行动的正确性做出厘清的裁断者或权威。

裁断者或权威能够探寻、解释生活世界的秩序构成的意义，对秩序构成中的要素做出分门别类的区辨，整理其

---

1 ［英］拉兹：《法律的权威》，朱峰译，法律出版社2005年版，第6页。

2 ［日］长谷部恭男：《法律是什么？法哲学的思辨旅程》，郭怡青译，中国政法大学出版社2015年版，第18页。

间的位阶或次序，按照生活世界的正当性理据排比个人行动、分析个人行动在生活世界的意义，给个人行动建立或定义现时性的秩序脉络，甚或能理解内在于秩序构成中的微言大义，或是秩序构成中沉默不彰但有迹可循的暗含之意，为个人的行动可能性发掘未来的方向、路径。裁断者或权威贯连着的秩序构成的核心，往往是立定或展现在生活世界的正确行动模型或行动典范，或是在生活世界具有普遍性效力的微观行动理由或规则、构架。能够展现出诸多形式的行动模型、典范或行动规则、架构，不会是一种全被写下来的成文性规则、架构，甚或只是一种不曾得到言明的规则、架构。一种行动架构或一条行动规则可以既不表现为一种指令，也不是一种如同谚语式样的生活教诲，而仅仅是推动着个人去遵循、去实践的吸引力，一种令人必须照做的示范性力量。引入以"乖"或"不乖"为议题的"行事性"话语或叙说，有如时常浮现在规劝或教训年幼孩童的指引者即爸爸、妈妈言述中的"乖乖"或"好宝宝"，就息息相关着将年幼孩童往前带到微观行动构架或行动规则的图式中的可能蕴义。

　　以"乖"或"不乖"为议题的"行事"，就是要对年幼孩童的行动可能性及其关系型态有所揭显和形塑、限定。日常生活情境中，"乖乖"或"不乖"、"好宝宝"或"坏宝宝"之类言辞的自明性语义，常用于指引者对年幼孩童的特定行为的提点、棒喝，或来概称对年幼孩童的行为是否遵循指引所做的整体性考察。"乖乖""好宝宝"凸显着对年幼孩童能够遵循指引的肯定、激励或期待。"不乖""坏宝宝"则表达着对不能遵循指引的年幼孩童的否定、批评或施加劝诫的意欲。而使得"乖""不乖"与"好""坏"的行为有所类分、划界的条理性要求或秩序性预设，甚或相关秩序叙事、秩序认同的范围与边界，也就或隐或显地一起带到了年幼孩童的视线上。

　　"乖乖"的"乖""不乖"或"宝宝"的"好""坏"，是对"乖乖"或"宝宝"的主体性在微观生活情境的存有可能性的限定，在其标识出指引者与"乖乖"或"宝宝"之间的裁断性或权威-服从关系的构成之际，通达着裁断者或权威对"乖乖"或"宝宝"之行动的意义适当性的认定，或是"乖乖"或"宝宝"的行动在微观生活秩序中的特定摆放、布置。"乖""不乖"或"好""坏"是一种行动判准，其蕴意则指涉着某一个体处于生活世界或他者的权力笼罩之下。正是透过其自身被置放在或臣服于某一"大写的"他者即指引者的领域之中，年幼孩童才成其为主体，或具有某种绽显为主体的可能性和现实性。在与对其有所指引的裁断者或权威相共在的互动关联中，裁断者或权威有着对年幼孩童的事实性的"规范性权力"或"影响力"，一种能够影响年幼孩童的行为及其命运的能力。[1]年幼孩童总是落进一种秩序构成的流程中，而使其可能的主体性获得一种源初性的、本真的"行事性"。"乖""不乖"或"好""坏"为年幼孩童敞开的、使其能成为主体的未来之来，是先行收束在指引者旨在指引的行动脉络或秩序图式中的可能性，或是收嵌在生活世界的某种微观的制度性情境中的可能性。"乖""不乖"或"好""坏"的意义指涉，将成为年幼孩童与指引者互相连属的微观行动情境的一种意义归结之处，也或是能成为年幼孩童经验、把握陌生的生活世界的意义构成的一个关键性起始。在基于"乖""不乖"或"好""坏"的判定准据展开的"行事"过程中，指引者指引着"乖乖"或"宝宝"与陌生的生活世界的交接，

---

1 ［英］拉兹：《法律的权威》，朱峰译，法律出版社2005年版，第7页。

使其得以导向、援引或编织、调派、使用某种正确的行动策略或取径。

成为"乖乖"或"好宝宝"的过程，不仅是对指引者给出的特定指引内容的信守，也是将"乖乖"或"好宝宝"指引到为指引者所认同的"乖"或"好"的准据之下，或是牵引到指引者护持为正当或合理的某种秩序构成的经验脉络或诠释基模中。秩序构成中的"乖""不乖"或"好""坏"并不意味着某种不主张真实性或有效性的观点，而是展现为一种主张真实性或有效性的实践性准据，其具有对行动主体或即年幼孩童的拘束力。在指引者将年幼孩童日常性地招呼成"乖""不乖"或"好""坏"的当下，不仅是对年幼孩童的行动的正当性或合理性做出的一种裁断或诠释，也是促使年幼孩童的主体性从源初性的混沌未知境域涌现出来的一种导引、提示或协助。"乖""不乖"或"好""坏"是对生活世界的特定个人、事件或行为取径的命名或裁断，或是一种将特定个人、事件或行为取径从生活世界的齐一性意象中界分出来的"以言行事"。"乖""不乖"或"好""坏"将生活世界中的事物醒豁地勾画出一种分别之在，一种在"乖""好"与"不乖""坏"的相互连结之中实现的事态差异性。"乖""好"所呈现的行动可能性是相异于"不乖""坏"所呈现的。"乖""不乖"或"好""坏"之间的区分，彰显着年幼孩童要予以体验的一种"此"与"彼"的差异性的界别，或是生活世界中的"一切事物都是有差异的，或者说，没有两个彼此等同的事物"的蕴意。[1]特定个人、事件或行为取径与他者的差异性，通往着其本身所特有的本真性规定。对差异性的源初性经验、把握，则意指着年幼孩童的"辨识能力"之有或分殊性的秩序叙事或认同的当下生发。

在指引者之为裁断者或权威的视域中，经由借着"乖""不乖"或"好""坏"的议题来连结、标识的命令或微观行为规则，未必是旨在揭显、展露陌生的生活世界的逻辑性构造，却时常要是有助于年幼孩童用来主张或达成个人行动策略的"行事性"指引，或至少得是有助于年幼孩童用来降低甚或隔绝陌生的生活世界的危险性或危害性的"行事性"指引。这一对年幼孩童的"有助"，"有一个'为了……'的性格，这是说，它是'为了……'而被使用

1　[德] 黑格尔：《逻辑学》（下卷），杨一之译，商务印书馆1976年版，第43页。

的"[1]，或是一种与年幼孩童的"自我"或行动主体的起始性情境相连结的事实性，一种年幼孩童与指引者总有着源初性共在的事实性。源初性情境内置着年幼孩童经验、把握陌生的生活世界的某种尚未或尚不能，或是年幼孩童尚不能面对陌生的生活世界的危险性或危害性的蕴义。而在相涉于指引者之为裁断者或权威的共在中，经由指引者对年幼孩童的行动所做出的接引、推动或限制、改换，就践履着一种将年幼孩童带引去陌生的生活世界的秩序构成中的努力，或构建着一种试图缓解或阻断年幼孩童跌入危险性或危害性之中的屏障。

借由根植于有着个人分殊性的经验基模或诠释基模的诉诸，彰显着裁断性或权威性的指引者将年幼孩童带到某种可能进入陌生的生活世界的筹划或方向之中，使其靠近能够朝向和内化陌生的生活世界的"行动正确"。一种彰显指引者对生活世界中秩序构成的个人预期的语辞即能够是"乖""不乖"或"好""坏"。指引者的个人预期所趋向的"行动正确"，就系连着指引者对陌生的生活世界的未来的

---

1 陈荣华：《海德格尔〈存有与时间〉阐释》，崇文书局2023年版，第55—56页。

秩序图式的判断，或是能够展现指引者的权力意志所着重的某种未来的"行动正确"。指引者对年幼孩童的指引，也许未必能够与陌生的生活世界所生发的未来秩序图式相一致，却总是一种意在将其放靠到指引者偏好或认同的"行动正确"中的托付或裁断。"行动正确"的尝试旨在通达的核心意蕴，就是能够呈现和实践指引者之为裁断者或权威的特定权力意志，或是相系着裁断者或权威的特定偏好、欲求的生活世界的惯习。在"行动正确"能够贯穿的微观"行事性"情境中，年幼孩童可能践行指引者的特定权力意志或生活世界的惯习的行动策略就是"正确"的行动策略。

当"乖乖"或"好宝宝"顺承着指引者的裁断或权威，就意涵着"乖乖"或"好宝宝"与指引者之间的一种合乎个人预期的微观性质的秩序构成的呈现。

　　指引者对年幼孩童指陈或宣示的"乖""不乖"或"好""坏"，既是对指引者所认同或至少不否定、不对抗的某种"正确"命令或微观行为规则的认同，也是为年幼孩童提供某种能够"正确"对接陌生的生活世界的命令或微观行为规则，或是某种内含着"行动正确"之义的"行事性"典范。能够获致"乖"或"好"的年幼孩童，意味着其能够与指引者所认同或至少不否定、不对抗的"行动正确"保持一致，或是在指引者构想的行动取径上应对、化减陌生的生活世界的危险性或危害性。在"乖乖"或"好宝宝"获致"乖"或"好"的过程中，能够作为"乖乖"或"好宝宝"的行动策略或行动架构的根据的，时常是指引者所设定的命令或微观行为规则。而一个值得年幼孩童信靠的指引者，既可能是过去的指引者，也可能是现在或未来的指引者。借由指引者对诸如"乖""不乖"或"好""坏"之类日常性话语或叙说的一再"以言行事"，指引性的结果或实效就呈现出来。指引者未必是一种"陈述性"话语或叙说的阐释者，即其话语或叙说未必是要"描述"某些事态，也并非旨在"道出"某些事实为真或为假。[1] 指引者未必是意在提供某种"理论性理由"的知识性教导者，而是栖居在"行事性"路径上的、能给年幼孩童的行为选择提供"实践性理由"的裁断者或权威，即是能够为年幼孩童的行为"说明'为什么这样做是正确的'或'为什么这样比较好'的理由，也就是'实践性理由'"的裁断者

097

1　［德］J.L.奥斯汀：《如何以言行事》，顾曰国导读，外语教学与研究出版社2012年版，第1页。

或权威。[1]

落实在生活世界的日常性"实践"中的裁断者或权威，将日常性的生活情境中的行动可能性或行动谱系安顿给"乖乖"或"好宝宝"，是"乖乖"或"好宝宝"的微观生活秩序的规定者或引领者，抑或是"乖乖"或"好宝宝"在日常生活中当有的行动典范、构架或行动判准的筹划者或操持者。护植着"乖乖"或"好宝宝"的微观生活世界的指引者，时常是一种在"实践性理由"上能够陈力就列而不负所托的"哲人王"，一种对日常生活世界的行动架构有所理解的理性的裁断者或权威，其合理的裁断性或权威性来自于"实践性"的指引能力，而非取决于某种独裁性的或非理性的操控。在"乖乖"或"好宝宝"的日常性秩序叙事或认同的推展过程中，指引者未必是偶然介入又偶然退去的异己者，以至于不能予年幼孩童的行动取径或行动构架以"真实或有效"的拘束力。指引者时常是可能持续地对年幼孩童予以引领、摆渡或教导的裁断者或权威，或是落定在年幼孩童的秩序叙事或认同实践的"时间性"

---

1 〔日〕长谷部恭男：《法律是什么？法哲学的思辨旅程》，郭怡青译，中国政法大学出版社2015年版，第17页。

之中的指引者，是其拘束力可能渗透在年幼孩童的过去、现在和未来之内的裁断者或权威。

权威的日常性生成

在生活世界的日常秩序的构成过程中，"乖乖"的"乖"或"好宝宝"的"好"的自明性意涵，就是"乖乖"或"好宝宝"对指引者的命令或微观行为规则的信从和守护，也是指引者试图将"乖乖"或"好宝宝"涵括进其所认同的生活世界的秩序构成中的一种践行，一种对"乖乖"或"好宝宝"的行动的"实践性理由"的交予或诠释。对"乖""不乖"或"好""坏"的行动判准的关切和操持，不仅标识出年幼孩童作为"乖乖"或"好宝宝"的行动可能性，也意味着年幼孩童对指引者设定或期待的行动典范或行为取径的一种遵循或模仿，一种对相符于"行动正确"的指引者的经验脉络或诠释基模的遵循或模仿。透过委身于裁断者或权威的示范性的"正确"行动构架或行动取径，"乖乖"或"好宝宝"可能表现出一种有意无意的自我约束或期待，积极或消极地践行着指引者鉴定的、具"实践性理由"的或惯常性的秩序想象，而未必会有意或无意地偏离、规避或扭曲指引者的话语或叙说中所蕴含着的"行动正确"。在指引者的裁断或行动判准与有所遵循的"乖乖"或"好宝宝"之间，贯穿着一种个体性的行动脉络的持续建构、展开或承继。

年幼孩童对指引者或与指引者相连结的行动规则或行动框架的经验、把握，通达和制作着相系于"是非对错"的日常性符码的界分，或是在生活世界引入一种"是与否""正确与错误"的对立、分化状态。"是非对错"之间的分离、对照，是个人在生活世界起始性地筑造或敞开一种行动路径的可能性，或是个人从生活世界的尚待把握的"纯粹光明"或"绝对黑暗"的"同一"中提呈出一种"差异性"，一种让其行动取向得以可能的"差异性"，或是让生活世界的特定意义得以进入个人的意向构成之中的"差异性"。没有"是非对错"的"差异性"的涌现，年幼孩童将停滞在视域的"空虚"或"彼岸"，因为"在纯粹光明中与在绝对黑暗中，皆同样什么也看不见"。[1]

---

1 ［德］黑格尔：《精神现象学》（上卷），贺麟、王玖兴译，上海人民出版社2013年版，第152页。

"是非对错"的日常性符码的提出和握有，或是对"是非对错"的日常性符码之间的差异性的辨识，既是对所"是"之"是"、所"对"之"对"的圈定或认同，亦是对所"否"之"否"、所"错"之"错"的勾画或遗弃、区隔甚或对抗。与"是其所是""否其所否"或"对其所对""错其所错"并行不悖的，是对所"是"者、所"对"者的激励，以及对所"否"者、所"错"者的约束或否定。"是与非""对与错"之间的相互参照，不仅对年幼孩童置身在生活世界的行动场域予以一种"是"还是"否"、"对"还是"错"的切割，是对年幼孩童的个人行动产生激励、约束的权责机制的起始，也将牵连出一种观看生活世界的秩序构成的场域，一种使生活世界的特定行动规则或行动框架得以可能的座架。特定行动规则或行动框架的效力，建造在不断生成着"是"与"否"、"对"与"错"的界分的秩序构成的场域中。生活世界的秩序构成脉络或指引者所秉持的裁断性权力，能够给何为"是"与何为"否"、何为"对"与何为"错"的限定与区分提供判断基准。

不过，透过指引者的经验脉络或诠释基模及其"行事性"话语或叙说所通达的秩序构成，未必是一种能够运持

101

在"乖乖"或"好宝宝"的生活世界的未来之来中的秩序图式，也未必是一种能够有助于"乖乖"或"好宝宝"的主体性之成就的秩序图式。"乖乖"的"乖"或"好宝宝"的"好"，将可能是一种无以根植于"乖乖"或"好宝宝"的潜在主体性之内的"乖"或"好"，或可能是一种用以达成指引者偏好设定的微观秩序取径的"乖"或"好"，一种正部署在指引者的微观权力意志的流程中的"乖"或"好"。但在指引者对年幼孩童的行动是否"正确"的持续裁断过程中，裁断为"正确"的行动规则或行动框架，将在持续的裁断中获得日复一日的支持，或是能不断增进其具有正当性或合理性的价值"证验"。裁断为"错误"的行动规则或行动框架，则会在持续的裁断中成为一种"不当"之物，一种要予以否定、谴责或惩罚的对象。日复一日中涌现的"时间性"就成为个人的生活本身，或个人在社会秩序构成中形塑出来的行为模式。"时间性"意味着以时化的方式对陌生的生活世界开展的个人实践。日复一日的生活长链所内涵的流逝、变化和绵延，不仅使得持续的日常性裁断诠释或构筑着特定行动规则或行动框架的"是非对错"，也会导致裁断得以生成的特定情境及其通达的微观秩序景观渐次植根在年幼孩童的行动结构中。操持裁断的"权威"的微观具象或意象，甚或"权威"的概念架构亦会起始性地渗透在年幼孩童的行动逻辑中。

生活世界中日复一日的践行路向或日常性重复的惯习，能够对特定裁断的形式、实质或裁断中的理据运用造成一种毋庸置疑的支持，甚或可能成为一种使得特定裁断的效果拥有正当性或合理性的意义脉络或解释基模。"日常性重复"的持续进行或扩张，将可能使得年幼孩童不再追问或遗忘特定裁断之所以为裁断的缘由，也不再追问或遗忘致使特定裁断得以可能的理据是否正当或合理的缘由。从微观情境中的个例性裁断到有必要遵循裁断或权威的普遍性意义，甚或使得对权威或裁断者的（强制性）服从成为一种无需"思考"的事项。正如在关涉年幼孩童的诸多叙事话语或叙说的文本中，特定故事中"很久很久以前，有……"一类的时间交代，就经常展示出此一叙事中的生活世界是一种已然敉平特定时间系谱的生活世界，或是一种无需追溯、质疑其特定秩序构成的生活世界。相伴随于"很久很久以前"的时间隐喻的日常性重复，既使在其中持守为正确的裁断者或权威具有无需解释或论证的正当性或合理性，亦将年幼孩童在日常生活情境中对权威或裁断者的服从与强制问题的正当性或合理性锁闭起来。

"日常性重复"修饰、阻断或变更着个人贴近生活世界的秩序图式的意义脉络或基模，或是个人在经验、把握秩序构成中的意向性的内涵和界限。"日常性重复"于年幼孩童个人的经验脉络或基模中建构出的时间性，不仅形塑着个人能够行动的正当性或合理性的范围和边界，也呈现或关联着个人能够行动的正当性或合理性的理据如何演绎。此种时间性藏匿着个人在体验秩序图式中的意向性活动的转位或变形的可能性，如个人对其自身在秩序构成中的开端性体验有所遗忘的不确定性，或是个人重置、虚构开端性体验的可能性。对于年幼孩童在经验、把握生活世界的秩序图式的流程中积聚的实践性知识，日复一日中的时间性也可能"中止诸知识的不确定的累积，打断它们缓慢的成熟过程，并使它们进入新阶段，切断它们与自身的经验性起源和最初动机之间的联系，清除它们想象的共谋关系"，或是清理它们可能到达的某种复杂性[1]。年幼孩童对

---

1 ［法］福柯：《知识考古学》，董树宝译，生活·读书·新知三联书店2021年版，第3页。

生活世界的秩序构成的源初性记忆与"好奇的激情",甚或可能在重复着的日常性秩序构成中遭到敉平、遗忘。此一时间性能将个人注视于秩序构成的意向性发生变动,使其"不再探寻沉默的开端,不再无限地追溯最早的预兆,而是测定新型的合理性及其多种效果",[1]在此朝向的新路径上有所努力。不过,"日常性重复"亦能够越出秩序构成中的纯粹的现在的时点,因而"能够意向地在新的现在中确定已经不在现在存在着的东西,并且以明见的被给予性的方式确认一个过去的片断"[2],或是能够让一段过去的行动轨迹,在明见的所与性的方式下伸展出某种确定性。"日常性重复"不断再现和"明证"着指引者赖以为凭的行动规则或行动框架,或是再现和"明证"着指引者视为"正确"的行动规则或行动框架,也否定着指引者所不欲或视为"不当"的行动规则或行动框架。

　　"正确"的行动规则或行动框架是尚待成为"自由行动

1　[法]福柯:《知识考古学》,董树宝译,生活·读书·新知三联书店2021年版,第3—4页。

2　[德]胡塞尔:《现象学的观念》,倪梁康译,商务印书馆2017年版,第79页。

者"的年幼孩童在行动之际的"实践性理由"或"实践性
常规",或是年幼孩童在进行"自我选择活动"时所必须参
照的言说形态与行为模式。"正确"的行动规则或行动框架
未必会限定年幼孩童的言辞和行为的实质性内容,与其所
展开的"自由行动"是一种形式的,而非实质的关系。"正
确"的行动规则或行动构架助益或限制着年幼孩童做出行
动的选择,导引或指令年幼孩童做什么或不做什么,也裁
断着年幼孩童能够做什么或不做什么的权责。经由对"正
确"的行动规则或行动架构的无章无序的累积、无穷无尽
的重复,淹没在日常性重复的"正确"的行动规则或行动
框架中的年幼孩童,将不断经验到某种具有"实践性理由"

或"实践性常规"之连贯性的特定"秩序构成"模态。此
一秩序构成通达着个人行动的手法、程序、策略、惯例或
行动规则、行动构架,展现着年幼孩童正在生活于其中并
借着学习来认识自我的意义世界。这一生活世界是一种现
实的、有着普泛的具体性的秩序构成,或是在直觉方式中
呈显出其本身来的事物。该生活世界不仅囤积着个人的情
感、信念、意象、观念或言说方式、知识谱系、行为模型,
也是个人有所实践的行动领域,一种可以成为个人实践的

倚靠和资源的领域。当"正确"的行动规则或行动框架成为年幼孩童的一种能在"日常性"中"重复""上手"的制度性资源，一种活在日常性中的连续性之事，"正确"的行动规则或行动构架就不再仅是一种暂时性的或可有可无的任意的行动准据，而是一种能够扩展在过去、现在和未来之间、在古老的、时新的和将要来临的事物之间的行动准据。

积年累月的"日常性重复""囤积"着"正确"的行动规则或行动框架的"正确性"，直至"正确性"累积成一种具有行动典范意义的"正确性"或理所当然的"理想型"，或是一种具有行动典范意义的"权威"，一种个人意念中的"崇高客体"。权威之为"崇高客体"，就在于形塑权威的特定生成场域的被遗忘或被变形，或是权威在其开端、衍生之处的日常性存有的被遗忘或被变形。贯穿在被日常性接受之中的权威道出一个幻见的场域，握扶或否认了被遗忘或被变形的日常之所在，言述着一种指引年幼孩童的裁断性符码；权威就只是根基在其自身的发声行动之中（grounded only in its own act of enunciation）[1]。生活世界

107

---

1 ［斯洛文尼亚］Slavoj Žižek：The plague of fantasies，Verso 2008，p.100.

中的"日常性重复"涌生着一种"总是再一次"的生成性或"实践性理由"的微观生成流程，营造和诠释着"正确"的行动规则或行动框架"重复"运行在生活世界的行动典范的蕴义，成为一种生产和传播拥有"典范性"的裁断者或权威的"日常性"微观构造。拥有权威则意味着裁断者或权威"可以使某些行为正当化或者有能力实施某些行为，而无需参酌正当性论证的性质"[1]。

1　［英］拉兹：《法律的权威》，朱峰译，法律出版社2005年版，第5页。

第二节

权威的展开

权威的日常之在

透过置身于"日常性重复"中的不断上手而达成的现成性，年幼孩童将对起于裁断者或权威的"正确"行动规则或行动框架衍生出一种路径依赖，或是将"正确"的行动规则或行动框架径直作为自身行动的权威性准据，使其成为年幼孩童在行动之际得以倚赖的制度性资源。在依存于此一可能为个人"日用而不知"的权威性准据的秩序叙事或秩序认同中，权威是如何可能的问题也许就会隐没在年幼孩童的意向性结构之中，而个人如何遵循权威的问题则会彰显为年幼孩童视域中的重要问题。遵循权威及其指引，就是遵循裁断者或权威所界定的"当与不当"。裁断者或权威将在一种具有正当性或合理性的"行事性"话语或叙说中为年幼孩童的行动"命名",为年幼孩童的行动取径设定正确与错误的边界,使其得到某种能够践行或展示于生活世界的行动模型。"权威"的概念架构及与"权威"相系连的行动构架、行动规则,将涌现在年幼孩童体验生活世界的秩序构成路径的意向脉络之中,成为其经验、把握生活世界的秩序构成的个体性脉络中的一种概念架构,也过滤着其透过"权威"的概念架构经验、把握陌生的生活世界的行动可能性。

扎根于指引性或裁断性权力的权威所欲达成的目的,是基于权威或指引者自身赖以为凭的生活世界的行动规则或行动构架,来起始性地界定、涉入或影响年幼孩童可能践行的行动模型、行动取径的未来。年幼孩童的主体性或自由选择的行动可能性,则会对权威及其指引的当下、未来的正当性或合理性形成一种限制或质疑,甚或是可能溢出权威所指引的行动路径或行动范围。在"行事性"的日常话语或叙说中,可能彰显着权威或权威性及其指引之在的言述,就时常有"不可以""不行""不赞成""错了""傻了吧""不好的""坏的""不对"等显现着对"行事"

的否定性、排斥性甚或禁止性意义取向的表达。诸如此类的日常性话语或叙说通达着能够对"必须做什么"或"可以做什么"的行动取向予以划定的关键性谓词，就有如"必须/应当/应该/该……""当然/得/要……""准许……""值得/（不）配……""可以/能够/会……"之类。[1]在此一意涵着权威或指引某种行动构架、行动规则的日常性话语或叙说的指涉中，借由表明个人的特定行动取向在生活世界的秩序构成中的事实性或规范性理据，将年幼孩童摆放到以"遵循……"为主题的行动构架或行动规则的判断、抉择中。如关涉到年幼孩童的行动视向的绘本《大卫，不可以》《大卫惹麻烦》《大卫上学去》[2]，就在于着意为年幼孩童言述或交代"什么是可以的或正确的行动取向"，或是意在框定年幼孩童经验、把握陌生的生活世界的行动范围、边界，是对年幼孩童的当有行动构架、行动规则的一种有限度的聚合和凸显。

111

---

1 朱德熙:《语法讲义》，商务印书馆1982年版，第61页。

2 ［美］大卫·香农:《大卫，不可以》，余治莹译，河北教育出版社2014年版；《大卫惹麻烦》，余治莹译，河北教育出版社2014年版；《大卫上学去》，余治莹译，河北教育出版社2008年版。

　　此种路向上的言述的意旨所时常聚焦之处，就是年幼孩童是否遵循权威及其指引的特定行动构架、行动规则的个体性实践。权威的指引未必是一种没有经过理性反省的前见，年幼孩童对权威及其指引的遵循，也未必不是一种出于主体性的活动。年幼孩童对权威及其指引的如何遵循，不只是情绪上不怯于去把握权威指引的陌生的秩序构成，或不只是对权威指引的陌生的秩序构成的抽象的经验、把握，也并非止于年幼孩童对权威的指引"是真实还是虚假"的辨析或陈述。年幼孩童对权威及其指引的如何遵循，着重在年幼孩童能否将权威的指引与其自身的行动合而为一，或能否使得权威的指引成为一种内在于年幼孩童的行动实践中的"行事之言"。年幼孩童对经由权威引领而来的行动构架、行动规则的遵循，是个人对行动构架、行动规则赋予意义的实践，或是个人使其朝向陌生的秩序构成的意向从体验脉络中"凸显"出来的实践，一种个人对穿行在生活世界的秩序叙事或秩序认同脉络的特定体验。

　　在尚未遵循权威所指引的行动构架、行动规则的年幼孩童的视域中，陌生的生活世界则似乎是一种总能与某种不确定性或不能预期有着自然而然的勾连的场域，一种似乎是难以拥有确定的内在运行逻辑或外部秩序型态的场域，甚或是一种在飘忽不定之间彰显出某种难以体验的、无有秩序的场域。权威及其指引的行动构架、行动规则，架通着陌生的生活世界与年幼孩童能够上手的生活世界。对行动构架、行动规则的遵循，呈现着年幼孩童由此往前到达陌生的秩序构成中的可能性，或是年幼孩童对陌生的生活世界上手的可能性。权威为年幼孩童指引的行动构架、行动规则可能连结的陌生的生活世界，未必是一种资讯完全透明或为权威的智识完全知悉的生活世界，或是一种可显形为知识性生产场域中的熟知或真知的生活世界，而是一种能够为年幼孩童个人的判断和选择提供某种确定性的生活世界，一种镶嵌着某种具有确定性的秩序构成脉络的生活世界。

权威或指引者于年幼孩童的行动实践中的共在或在场，在关涉到年幼孩童经验、把握陌生的生活世界的日常话语或叙说中，时常有直接的出场和间接的出场之别。如《小兔子乖乖》《狼和七只小羊》《三只小猪》[1]之类的秩序叙事

113

1　［美］大卫·威斯纳：《三只小猪》，彭懿译，江苏凤凰少年儿童出版社2018年版。

中，以"妈妈"为标识的指引者或权威的出场形式就是直接在叙事情境中现身。转到《母鸡萝丝去散步》[1]的秩序叙事中，促动着萝丝躲避狐狸的追踪的指引者或权威则是间接地隐匿于叙事的地平线之下。而指引者或权威的共在或在场的意涵，不仅是以权威的身份为年幼孩童讲述着生活世界的"是非对错"，或是在驻立于权威的位阶上筹划着年幼孩童的行动取径，为年幼孩童当有的行动构架、行动规则进行"立法"，更是通达着年幼孩童如何正确地践行指引者或权威的指引的行动步骤、流程，以达成个人的秩序叙事或秩序认同。指引者或权威的共在或在场并不是一种静态之在，而是展现着正确的行动构架、行动规则如何贯彻到年幼孩童的行动实践中，或年幼孩童个人重复、持续地践行行动构架、行动规则的意向性事实。就此予以明晰地彰显的一种常见的叙事景致，是经由对"爸爸的缺席"和"妈妈的叮嘱"的主题的书写来呈现的。

在以年幼孩童能够有所"行事"为目的的日常性话语或叙说中，"爸爸的缺席"时常是秩序叙事或秩序认同中的

1　［英］佩特·哈群斯：《母鸡萝丝去散步》，信谊编辑部译，明天出版社2017年版。

一种留白或省略。在《小兔子乖乖》《狼和七只小羊》《三只小猪》或诸如此类的言述推展中，"爸爸的缺席"始终是一种显见之事。"爸爸的缺席"的叙事意蕴，将可能指向年幼孩童经验、把握陌生的叙事中的一种不可缺欠的言说。言说的意旨是用以表达年幼孩童基于自身的主体性来贯彻正确的行动构架、行动规则的必要性。在此意义脉络中，"爸爸的在场"不只是隐喻着一种阻隔、拆解或改换陌生的生活世界的危险性或危害性的防御性屏障，或是一种能够对年幼孩童有所引领、保护的指引之力，也意指着年幼孩童进行判断和选择的主体性的尚未展演。"爸爸的缺席"却旨在陈述出一种悬置，即是将有可能引领、保护年幼孩童的外在性指引之力予以悬置，借以为年幼孩童清理出一种可能施展自身主体性的场域，使得行动构架、行动规则过渡成年幼孩童的一系列正在到临的意向性的体验，或是构造一种将年幼孩童外推到行动构架、行动规则如何践行尚未彰明的陌生的生活情境，使其区分和凸显如何体验陌生的生活世界的难题。

"妈妈的叮嘱"则常是置放于涵育年幼孩童的个体性行动之中的叙事片断。正如《小兔子乖乖》《狼和七只小羊》

《三只小猪》《小红帽》[1]之类叙事所呈现的,"妈妈的叮嘱"出现在寓意着年幼孩童的小兔子、小羊、小猪、小红帽即将开始的个体性行动之前。"妈妈所叮嘱的"正确行动取径,是对年幼孩童如何体验陌生的生活世界的行动取径的先行筹划。在借以道出年幼孩童需要遵循的行动构架、行动规则之际,"妈妈的叮嘱"亦系连着年幼孩童是否偏离"妈妈叮嘱的"行动取径的个人抉择,或是年幼孩童必须经由自身主体性来体验陌生的生活世界的必要性。在此一意义脉络中,"妈妈的叮嘱"寓意着一种迫使年幼孩童基于自身的主体性来践行权威的行动指引的未来之来。"妈妈的叮嘱"与"爸爸的缺席"所聚拢的基本意义,通达着年幼孩童的个体性力量或个人主体性在未来的陌生的生活世界中绽显的可能性,或是年幼孩童有意向地经验、把握行动构架、行动规则的秩序叙事或秩序认同的流程。

116

1　[德] 格林兄弟:《小红帽》,李海颖译,未来出版社2015年版。

权威的日常性扩展

年幼孩童对权威或指引者及其指引的遵循，通达着年幼孩童对权威或指引者所交代的行动构架、行动规则的有意义的体验。年幼孩童对行动构架、行动规则的体验及遵循，呈现着个人对于自身行动取径的特定视向的一种标记或特别态度。遵循或有意义地体验行动构架、行动规则，就是朝向个人自身的行动取径的"体验的特定方式，也就是它才使得行动之为行动"[1]。而行动构架、行动规则意指着这样一种陈述，就是生活世界"能够据以描述个人行为常规性的那种陈述，而不论这样一项规则是否为个人所'知道'，只要个人在一般情况下能够根据该项规则行事即可"[2]。年幼孩童对行动构架、行动规则的遵循，亦是行动构架、行动规则对年幼孩童个人可能"赖以为凭但却知之

117

1　[奥] 舒茨：《社会世界的意义构成》，游淙祺译，商务印书馆2012年版，第50页。

2　[英] 哈耶克：《哈耶克论文集》，邓正来译，首都经济贸易大学出版社2001年版，第337页。

较少的事实常规性所做的调适"¹。"事实常规性"通达着权威及其指引的行动构架、行动规则的合理性、正当性，或是具权威性地界定着个人应当或能够践履某种特定因果链条或事实性关涉的行动取向的正当性、合理性。

秉持着权威性的行动构架、行动规则的构成和彼此之间的分际，是年幼孩童经验、把握生活世界的一系列"行事性"话语和叙说的一种知识座架，设定或限制着年幼孩童体验陌生的生活世界的秩序叙事或秩序认同的视域。能够对特定行动构架、行动规则的内涵及其边界予以判断、选择，就是年幼孩童的主体性在生活世界得以肇始的一种现实性表征。权威或指引者时常是年幼孩童的行动模型或行动取径的奠基者、设定者或参与者，其对年幼孩童进行的日常性话语或叙说的牵引，如某一件行为"对不""是这样吗""觉得合适吗""错了吗"之类的质疑、问询，就是在实践着"以言行事"地将年幼孩童带入生活世界的秩序构成之中，或促动和筹划着自由行动主体的内涵能显形在年幼孩童的行动之中。以关涉着行动构架、行动规则的判

118

1　［英］哈耶克：《哈耶克论文集》，邓正来译，首都经济贸易大学出版社2001年版，第357页。

断、选择为主题、意旨的话语或叙说来质疑、问询于年幼孩童，是对年幼孩童体验生活世界的秩序构成的一种推动或激发。相连于行动构架、行动规则的判断、选择的话语或叙说的操持，不仅是对年幼孩童能把握相连于话语或叙说的"概念""概念架构"的筹划，也是旨在使年幼孩童体验到话语或叙说的形式、内在意涵展示在生活世界的行动可能性。表述着个人在生活世界的行动模型或取径的"概念""概念架构"的"以言行事"，引领或框限着年幼孩童的意向构成的取向或是源初的可能性、现实性。话语、叙说或"语言的界限意谓……世界的界限"[1]，年幼孩童能够把握的"概念""概念架构"或话语、叙说，将描画出其可观看的与不可观看的视域的"界限"，也界定着其可选择的或不可选择的行动框架的"界限"。

年幼孩童的行动可能性植根于生活世界所造就的"符号体系或者说意义世界之中。没有了这些，世界将不成其为世界，它只是一片混沌"[2]。生活世界的"符号体系或者

1　［奥］维特根斯坦：《逻辑哲学论及其他》，陈启伟译，商务印书馆2014年版，第73页。

2　梁治平：《法律的文化解释》，生活·读书·新知三联书店1994年版，第8页。

说意义世界"诠释着年幼孩童的行动择取的合理性、正当性，或年幼孩童的话语、叙说及其对生活世界的观看总是被引导、规范，并经由某种概念架构来过滤和形塑的。经由对涵摄和展现为特定行动规则或行动构架的"概念""概念架构"或话语、叙说的把握，年幼孩童能够明晰地"观看"生活世界，或是在具有合理性、正当性的行动谱系中进行谨慎的判断、选择。涵摄和展现为特定行动规则或行动构架的"概念""概念架构"或话语、叙说，就是一种落在"以言行事"的行动脉络中的言述，或是一种旨在对生活世界有所"命名"的目的论实践，其间绽显着年幼孩童可能借以经验、把握生活世界的"尺度"或具权威性质的行动准据。"命名"意指着宣称某些东西是真实或虚假的存在的一种行动。"命名"的话语或叙说产生或建立"真实"或"虚假"。涵摄和展现为特定行动规则或行动构架的"概念""概念架构"或话语、叙说，将为年幼孩童搭建着可阐释的生活世界的内涵、界限，或规定着有意义的行动框架的内涵、界限。

年幼孩童对何谓权威或指引者及何谓指引的源初性体验及遵循，也就是对涵摄和展现为行动规则或行动构架的

"概念""概念架构"或话语、叙说的源初性体验及遵循。位于年幼孩童的源初性视域中的权威或指引者，将宣告着年幼孩童的行动取径的"当与不当"，或订定着某种该有的行动路径和该谨守的价值规范。在这种状况下，年幼孩童未必具有省思的空间。有待年幼孩童遵循的、具有权威性的行动构架、行动规则，是一种近乎甚或即为可以传承的意义之物，就像是某种已然得到建构，多少已经具有约束力量的行为框架或判断性规范。在年幼孩童可能嵌入一种由权威或指引者所主导的秩序构成的流程中，时常表达于年幼孩童与权威或指引者的日常性应答中的一种疑问性、问询性言述，即如"听话"或"记得……的话""不要忘了……"一类，就是旨在将年幼孩童带入生活世界的秩序构成之中的日常性言述或符码。

　　指引年幼孩童"听话"或"记得……的话""不要忘了……"之类的话语或叙说，其根本性的意指并非在于知识性生产场域中的对真理之"听""记得""不要忘了"，也不是要故意在年幼孩童本可以自由行动的范围内，对其横加干涉的强制，而是个人去往陌生的生活世界的秩序构成中的"听""记得""不要忘了"，或是年幼孩童与他者的行动协调中的"听""记得""不要忘了"。生活世界中的个人之间的协调性问题大致上是指，尽管任一个人都希望他者也能够采取相同的行动，却由于无法确实预测他者会如何行动而感到困扰。[1]协调性的问题连结着不同个人之间的共存和联合，其所系连的是生活世界的秩序构成的进程，生活世界的秩序构成的基础，存乎于每个人能够在生活世界之中"显现并展示自己是谁"，"让自己被他人看到、听到"。[2]秩序构成意味着"人的复数性"或"人的复数性不可能被完全消除"，而非某种统一性（unity），或"单数的人"。[3]对诸如"听话"或"记得……的话""不要忘了……"之类的言述或符码的起始性操持，不仅将先行性地绽显着"人的复数性"中的权威及其指引之在，或权威及其指引的行动构架、行动规则的可能性、现实性，也引领着年幼孩童对权威及其所指引的行动构架、行动规则给

122

---

1 ［日］长谷部恭男：《法律是什么？法哲学的思辨旅程》，郭怡青译，中国政法大学出版社2015年版，第20页。

2 ［美］汉娜·阿伦特：《政治的应许》，张琳译，上海人民出版社2016年版，第32页。

3 ［美］汉娜·阿伦特：《政治的应许》，张琳译，上海人民出版社2016年版，第36页。

予一种"行事性"的自然观看或关注。否则，就此无有
"行事性"的观看或关注意向的年幼孩童可能会本真性地置
身在生活世界的秩序构成之外。

　　借由权威或其指引的行动构架、行动规则对行动可能
性的判断和界定，权威"以言行事"的话语或叙说将不断
指引着年幼孩童体验生活世界的可能性，或是架构着年幼
孩童在生活世界的行动惯习。行动惯习形塑着年幼孩童个
人认知及判断现实的理解框架，是个人在体验社会秩序构
成的流程中形成的。行动惯习作为一个持久的倾向系统，
其中的倾向可以说是认知、感觉、做事及思考的偏向态度，
通达着年幼孩童个人遵循特定行动规则、行动框架的可能
性。年幼孩童的行动惯习彰显着其以何种模态置身于"以
言行事"的秩序构成之中，或具有何种行动主体的社会位
置。在对诸如年幼孩童与权威的不同社会位置的区隔流
程中，秩序构成就意涵着一种透过不同个人行动的社会
位置之间所客观存在的关系而交织成的网络〔a network
of objective relations（of domination or subordination, of
complementarity or antagonism, etc.）between positions〕，
或个人行动的"现行与潜在的各种位置与占位所组成的空

123

间"（as a space of positions and position-takings, actual
and potential）。秩序构成是具有可以涌现各种行动可能性
的空间或场域，秩序构成中的个人行动的每个位置都是由
其与其他位置之间的客观关系来客观界定的，或是藉由种
种具有识别度的属性来标定这一位置的所在〔each posi-
tion is objectively defined by its objective relationship
with other positions, or, in other terms, by the system of
relevant（meaning efficient）properties which allow it to
be situated in relation to all others in the structure of the
global distribution of properties〕。个人行动的不同位置分

别对应着与之形成同形对应（correspond homologous）的各
种占位举动。[1]诸如日常生活的某种场合之中，特定的个人
和特定的情境必须适合所意欲的特定行动流程的要求、设
定之类，就是旨在秩序构成中标定得体的个人行动的位置。

---

1 ［法］Pierre Bourdieu: The rules of art, translated by Susan Emanuel,
Stanford University Press 1995, p.231-232.

第四章

在服从中行动

为了对抗危险性或危害性

服从的事实性

年幼孩童早已在服从于权威或指引者的事实性之中。在体验陌生的生活世界的秩序叙事或秩序认同的建构中，与年幼孩童个人的服从相关涉的"行事性"日常性话语或叙说，就有例如"必须去做""嗯""好的""行""一定""说话算数""听从命令""不准反对""认真完成""没法保证""不想""不会做的""以后再说吧"之类的言辞性表述，也有诸如以"眼光示意"或"点头""摆手"之类动作来表示的行为。借由特定言辞或行为来对权威或指引者的指引做出服从与否的表达，不仅表示着年幼孩童对权威或指引者的话语或叙说的应答或拒绝，也开启着年幼孩童把握陌生的生活世界的繁复可能性。年幼孩童个人能否服从于权威或指引者，揭显着年幼孩童的主体性或个体性的现身的可能性。对权威或指引者的服从未必意涵着权威或指引者具有道德价值、人格的优越。年幼孩童的所有服从的形式都可能具有他律的性质，然而一个服从的个体并非意味着此个体只会意愿他人所意愿的行动或事物。服从或不服从于权威或指引者的主体性判断，意涵着年幼孩童个人已然"发展出特属于自我的独特能力、性向、品味、判断"，或是个人能够"去做出独特、属于自我的价值判断"或意义构建。"在这个意义上，个人的独特、尽性的发展，乃是最高的价值。任何价值皆需从发展了的个人来产生；个人的发展，并不能以某种客观、定型的价值为在先的模范"。[1]缘于个人主体性的服从还是不服从于权威或指引者的选择，使年幼孩童有可能观看到生活世界的某种行动指令或行动规则、行动框架的意义，或使年幼孩童有可能转向和领会某种能够裁断其行动的判断、选择是否正确的行动准据。

127

1　钱永祥：《动情的理性：政治哲学作为道德实践》，南京大学出版社2020年版，第36页。

借由能够赋予权威或指引者以裁断者的日常性微观权力的话语或叙说，生活世界的秩序构成不仅呈现着年幼孩童正在或将要知悉、纳取的行动指令或行动规则、行动框架，也限制着年幼孩童对生活世界的行动指令或行动规则、行动框架的体验和践行。诸如"嗯"或"点头"之类的话语或叙说有可能链接的某种行动指令或行动规则、行动框架，将在年幼孩童是否服从权威或指引者的日常性行动中彰显着意义。权威或指引者在诉求或强制年幼孩童有所服从的过程中，不只是要年幼孩童用诸如"嗯"或"点头"之类的话语或符码来达成一种外部性的对答，亦不只是要年幼孩童有一种让自身站立于权威或指引者之前的初始性醒觉，而是指望着年幼孩童能够理解和践行其服从的行动指令或行动规则、行动框架中的内容，能够将其体验伸展在服从的行动指令或行动规则、行动框架所限定的意义脉络或诠释视域中。"服从"否定着"不服从"，对年幼孩童提示着正确行动的可能性。服从还是不服从，清晰地展现出个人行动的可能范围和边界。在年幼孩童的"服从"中需要护持的行动指令或行动规则、行动框架宣示着"不服从"之际的行动的越轨或不正当性。权威或指引者引导或交代年幼孩童服从某种行动指令或行动规则、行动框架，就是要将其所讲述或认同的行动指令或行动规则、行动框架的意义可能性交送给年幼孩童。年幼孩童的服从所通达的"以言行事"的义蕴，是行动指令或行动规则、行动框架要设定、引导年幼孩童经验、把握陌生的生活世界的行动取径和诠释视域。

年幼孩童对权威或指引者如"妈妈"或"爸爸"的特定行动指令的服从，或是对特定的行动规则或行动框架的服从，意谓着年幼孩童的行动与生活世界的秩序构成脉络的连结可能性。服从于生活世界的秩序构成，并不是意在对年幼孩童陈述一种关涉生活世界的秩序构成的特定事实的真实性，而是旨在给年幼孩童的行动可能性做出一种勾勒、规范或筹划，或为年幼孩童的行动的诠释视域交予一种开启或导引，一种将年幼孩童的行动可能性置放到裁决的情境中的"以言行事"。年幼孩童的"服从"的义蕴，时常表明的是个人对行动指令或行动规则、行动框架的"遵从"，而非仅仅是对以威胁为后盾之行动指令或行动规则、

行动框架的"顺从"。[1]是否"遵从"或服从还是不服从的
主体性判断,通达着年幼孩童与行动指令或行动规则、行
动框架生发的意义脉络在秩序构成中的相互交织,或是年
幼孩童理解和认同行动指令或行动规则、行动框架生发的
秩序经验脉络的可能性。年幼孩童需要服从的行动指令或
行动规则、行动框架中,具有可以指引年幼孩童如何体验
生活世界的陌生性的提醒或告诫。

行动指令或行动规则、行动框架勾勒出个人的行动范
例,展现着年幼孩童个人能做什么、不能做什么的某种相
对稳定的预期,或是对年幼孩童个人体验陌生的生活世界
的意义脉络、诠释基模予以规约。行动指令或行动规则、
行动框架是年幼孩童体验陌生的生活世界的一种知识储存,
或是为年幼孩童呈现着能够体验陌生的生活世界的未来行
动路径、策略。"服从"并非假定着行动指令或行动规则、
行动框架"被指示给"年幼孩童个人的命令之在。与年幼
孩童对陌生的生活世界的体验相牵连的行动指令或行动规
则、行动框架中,缘于主体性的服从行动指令或行动规则、

---

1 [英]哈特:《法律的概念》,许家馨、李冠宜译,法律出版社2006年版,
第49页。

行动框架，是年幼孩童能够理解和描述行动指令或行动规则、行动框架本身的意义构造，或是行动指令或行动规则、行动框架的意义能放置到年幼孩童个人的整个意义脉络中去呈现。并非缘于主体性的服从行动指令或行动规则、行动框架，则意谓着年幼孩童只是被置于行动指令或行动规则、行动框架必须服从的从属关系之下，或是年幼孩童仅仅接纳、遵循行动指令或行动规则、行动框架提供的解释或行动取径，而对行动指令或行动规则、行动框架的意义未有一种内在的体验或省察。

经由对生活世界的行动指令或行动规则、行动框架的服从，年幼孩童个人将其对秩序构成中的陌生性的新体验加以转换和理解。行动指令或行动规则、行动框架，蕴涵着能够接触、归位或调整生活世界的陌生性的意义构架或诠释可能性，为个人的行动"指出践行之方向的东西"，或是促使个人对生活世界的陌生性的体验"处在那种或某种完全明确的开始方向上"[1]。服从行动指令或行动规则、行动框架的义蕴，是年幼孩童个人为自身的行动取向划界，

131

___

1 ［德］海德格尔：《对亚里士多德的现象学解释：现象学研究导论》，赵卫国译，华夏出版社2012年版，第30页。

将自身放置在行动指令或行动规则、行动框架的意义构架或诠释可能性之内。行动指令或行动规则、行动框架界分或架构着陌生的生活世界的确定性与不确定性，或是为陌生的生活世界的不确定性"寻求协调"[1]。行动指令或行动规则、行动框架意指着个人能够由此对陌生的生活世界形成某种预期，某种可以对生活世界的危险性或危害性做出甄别或应答的期待，就如将陌生的生活世界绽放的不确定性分别为使年幼孩童的行动得到妥善照料的不确定性，与可能导致年幼孩童遭逢到危险性或危害性的不确定性。对陌生的生活世界中的不确定性是否伸展成一种危险性或危害性的预期，或如何经验、把握生活世界的陌生性或不确定性的筹划，不仅关涉着年幼孩童体验生活世界的意义脉络，也揭显着年幼孩童如何服从行动指令或行动规则、行动框架的践行形式。"人是基于理由而行事的动物。"[2]服从还是不服从行动指令或行动规则、行动框架以及如何服从

---

1 ［日］长谷部恭男：《法律是什么？法哲学的思辨旅程》，郭怡青译，中国政法大学出版社2015年版，第20页。

2 ［日］长谷部恭男：《法律是什么？法哲学的思辨旅程》，郭怡青译，中国政法大学出版社2015年版，第26页。

行动指令或行动规则、行动框架，意味着年幼孩童个人就陌生的生活世界做出的一种谨慎判断。

缘于危险性或危害性的服从

年幼孩童对陌生的生活世界的体验，是借由服从行动指令或行动规则、行动框架来把握生活世界的秩序构成。此种体验中时常浮现着危险性或危害性的可能。在年幼孩童理解陌生的秩序构成的意义脉络或诠释基模的生发流程中，生活世界的危险性或危害性的义蕴是个人从其居留的权威或指引者提供的指引性情境里脱离出来，进到一种秩序构成的意义尚为未知的遭遇或驻留之中。危险性或危害性意指着年幼孩童个人服从行动指令或行动规则、行动框架的"不得体"或"欠切"。危险性或危害性不仅可能是个人生理状态的自然性遭到损害的危险性或危害性，也可能是个人的"人之为人"的主体性遭到损害的危险性或危害性。相比于时常表征为对个人生理构造的自然生存状态造成某种可见损害的危险性或危害性，主体性的危险性或危害性是对个人的自我理解或诠释的未能尊重，或是对个人的本真在世的抑制、扭曲或阻隔，是引导或框限个人的主体性停驻在一种"不成熟状态"。个人主体性的"不成熟状态就是不经别人的引导，就对运用自己的理智无能为力"。[1]此种"不成熟状态"，并不是理智尚待增进的年幼孩童个人"自己所加之于自己的不成熟状态"，也未必是年幼孩童个人对理智"缺乏勇气与决心去加以运用"的"不成熟状态"。

年幼孩童对陌生的生活世界的体验"起因于主客体之间的相互作用，这种作用发生在主体和客体之间的中途，因而同时既包含着主体又包含着客体"[2]。年幼孩童体验陌生的秩序构成的某种"不成熟状态"，可能根基于年幼孩童尚在迈入语言和表象概念化为个人行动的主要构成元素的初始时期，是尚未或正在进入生活世界的日常性秩序构成中的个人本身的"不成熟状态"。年幼孩童"以言行事"地体验生活世界的秩序构成的"不成熟状态"，也可能缘于生

---

1 ［德］康德：“答复这个问题：‘什么是启蒙运动？’”，《历史理性批判文集》，何兆武译，商务印书馆1990年版，第22页。

2 ［瑞士］皮亚杰：《发生认识论原理》，王宪钿等译，商务印书馆1981年版，第21页。

活世界的某种对待年幼孩童的行动指令或行动规则、行动框架中的"不成熟状态",或一种对年幼孩童的主体性的可能与必要尚未能认同的"不成熟状态"。"不成熟状态"呈现着秩序构成中的特定意义脉络将年幼孩童视作一种有待指向的手前之物,一种"由于它具有用途或用具功能"之物,而非将之作为一种禀赋有主体性的本真性存有。以彰显年幼孩童的主体性为目标的行动指令或行动规则、行动框架,是旨在将年幼孩童"引导"成有"勇气与决心""运用自己的理智"的个人,或是在一种"引导"年幼孩童"成熟"的路径上的指引,而非出于对年幼孩童本身具有"某种'延续下去'的方式"的措意。[1]

135

　　处于尚在迈入语言和表象概念化为个人行动的主要构成元素的初始时期的年幼孩童,其"不成熟状态"并非先行假定着自身得驻留在主体性的"不成熟状态"之内,而可能意涵着其需要经由权威或指引者的"以言行事"的得体的指引,借以跨越或脱离主体性的"不成熟状态"。"不成熟状态"也并未指涉着对"不成熟"的年幼孩童的个人

1　陈荣华:《海德格尔〈存有与时间〉阐释》,崇文书局2023年版,第65页。

行动的替代或覆盖，却可能是揭晓着对"不成熟"的年幼孩童有"勇气与决心""运用自己的理智"的"行事性"言说或交谈。与年幼孩童的言说或交谈"之间"通达着权威或指引者对年幼孩童的"引导"，"引导"年幼孩童能够理解自我在秩序构成中的意义，或服从行动指令或行动规则、行动框架，抑或是谨慎对待陌生的生活世界中的危险性或危害性。在年幼孩童体验陌生的秩序构成的意义的流程中，权威或指引者的"引导"年幼孩童，是意在促使年幼孩童个人去理解和践行，就恍如一种诗性表述道出的个人经验，"从木板到木板，我一步一步/缓慢、谨慎地走；/感觉着星辰环绕我的头/大海触及双脚。/无法知道下一个/会是我最终一寸——这让我举步如履薄冰/人说这就是见识。"[1] "引导"年幼孩童，是要指引年幼孩童"见识"或体验到生活世界，而生活世界的"所有事物都有寓意"，只是看个人能否意识到。[2]如同能够揭示陌生的生活世界的危险性或危害

1　［美］艾米莉·狄金森：《我用古典的方式爱过你》，赖杰威、董恒秀译，长江文艺出版社2019年版，第147页。

2　［英］刘易斯·卡罗尔：《爱丽丝漫游奇境与镜中奇遇》，陈荣彬译，湖南文艺出版社2022年版，第186页。

性，对陌生的生活世界的表象与实质做出分别，或不依循表象做不得体的评定，对涉身的日常性秩序构成中的不正当性持有一种谨慎的判断，就是有待年幼孩童"去发掘"的"见识"。

在"引导"年幼孩童体验陌生的生活世界的"行事性"话语或叙说之中，以"你千万别上当啊""不要跟陌生人走"甚或"不要跟陌生人说话"为主题的童话、寓言、歌谣等故事性讲述，或是"不要相信陌生人"或"不要跟陌生人走"之类语句的日常性表达，时常会凸显出陌生的生活世界可能衍生的危险性或危害性，即是陌生的生活世界可能对年幼孩童施予的生理性损害，或是陌生的生活世界对年幼孩童的主体性可能施行的某种欺诈、引诱、胁迫或摧折之类行动。对陌生的生活世界的危险性或危害性予以点明，旨在指引年幼孩童与陌生的生活世界谨慎保持距离的必要性和正当性，甚或是径直拒绝陌生的生活世界的必要性和正当性。陌生的生活世界的危险性或危害性时常是年幼孩童难以或根本不能完全把握的不确定性，是未必具有明确的外部形式或特定意象的不确定性。年幼孩童得体地应对陌生的生活世界的危险性或危害性的经验，未必是对秩序构成中的陌生性的意义予以分门别类地诠释，而可能是谨慎对待所有遭遇到的陌生，将陌生的生活世界整体性地处理为一种藏有危险性或危害性的他者。

正在或未来要存身于陌生的生活世界的秩序构成中的年幼孩童，不仅得关注着危险性或危害性的浮现的可能性，也会留意着秩序构成的意义脉络的涌现的可能性。在关涉年幼孩童的日常性话语或叙说中的危险性或危害性，则时常会形之于诸如"坏人"一类的意象，一种透过与"好人"的二元对立来凸显的意象。危险性、危害性并非是一种始终确定的"现之在"的摆在手前之物，而是一种能够从生活世界的秩序构成中衍生或延伸出来的可能性。秩序构成的特定路径既会牵连到某种衍生自他者的危险性或危害性，也会关涉某种与他者相互扣连的秩序叙事或秩序认同的可能性。危险性或危害性正在或将浮现于秩序构成的流程中的不确定性，就能够约束甚或阻断着年幼孩童把握陌生的生活世界的意向，使得年幼孩童个人停驻在现成的生活世界之中。然而，行动指令或行动规则、行动框架为生活世界正在或将要到临的不确定性做出"协调"的可能性，却有可能成为个人体验陌生的生活世界的指引，促动个人往前到达陌生的生活世界。

危险性或危害性时常是内在于生活世界的秩序构成中的一种可能性，一种可能生发自他者或异己性的可能性。在年幼孩童透过行动指令或行动规则、行动框架体验陌生的生活世界的过程中，经由对特定他者或异己性可能导致的危险性或危害性的辨析或预期，年幼孩童个人生成着其自身的秩序叙事或秩序认同，一种其本身与他者之间有所共通或分裂的秩序叙事或秩序认同。对陌生的生活世界的危险性或危害性的意义的知悉或筹划，不只是展现着年幼孩童的主体性或个人的经验脉络或诠释基模，也将呈现年幼孩童服从行动指令或行动规则、行动框架的行动取径。绘本《在森林里》[1]的故事叙述中，进入森林的年幼孩童遭遇到两种陌生的生活世界，即是一种人与人"交互"生发主体性的生活世界以及一种人与"物"相交融的生活世界。在人与人"交互"扣连的生活世界，陌生意涵着一种"不与……保持一致"的可能性，或是陌生的他者未必会自由敞开自身的本真状态，或是将本真状态掩蔽在某种虚构的

139

1　[美]艾斯：《在森林里》，赵静译，二十一世纪出版社2008年版。

意象中，以"表里不一"的情态彰显自身于陌生的生活世界。秩序构成的"表里不一"中可能隐含或衍生的危险性或危害性，是年幼孩童得予以谨慎判断的对象。"表"与"里"的分离，将可能导致年幼孩童停留在生活世界的"表象"之中，成为危险性或危害性即刻能够倾覆的对象。

仅有人和物相互交织、搭建的生活世界，是比照于人与人"交互"扣连的生活世界的一种秩序构成形式。年幼孩童一旦进至人与"物"相交融的生活世界，也许就能够自由地绽显自身的主体性，而无需"操心"陌生之"物"的修辞术或"表里不一"。"物"不会形成虚构的意象来遮掩生活世界的陌生的不确定性，亦不会伸展自身的意识以规范或束缚年幼孩童的自由意向。"物"本身能够流溢在生活世界的意义，存乎年幼孩童个人的经验脉络或诠释基模。年幼孩童能够与"物""保持一致"，将"物"的可能意义摄取到其视域之中，或是能够为"物"的意义可能性做出筹划，使得"物"的意义归化在年幼孩童给生活世界勾勒的意义脉络中。在绘本《走进森林》的讲述中，穿越陌生"森林"的年幼孩童所"操心"或谨慎判断的不确定性，不是"森林"里的某种人与"物"能否相交融的意象，而是一种能够"在森林里"幻化成某种具有异己性意象的他者，或根源于人与人"交互"扣连的生活世界中的危险性或危害性。与陌生的生活世界的危险性或危害性的对抗，彰显着年幼孩童的行动准据如何可能，或是如何服从行动指令或行动规则、行动框架的践行形式。

未能服从的效应

在缘于《格林童话》的故事系谱的一种绘本《狼和七只小羊》[1]的讲述中，勾勒出寓意着年幼孩童的小羊未能服从羊妈妈的行动指令的结果或效应。故事描画的起初，羊妈妈为了出去寻找食物，给七只小羊交代完如何辨别具有危险性的大灰狼之后，就让小羊们留在家里。随后，大灰狼采用七只小羊难以辨识的手法，使其把家里的门打开。在大灰狼捕捉小羊们的过程中，七只小羊东躲西藏，但大灰狼还是将六只小羊吞进了肚子里。绘本故事中，在获悉小羊们体验或认知陌生的生活世界的可能边界之后，大灰

1　[德]格林兄弟：《狼和七只小羊》，王星译，新星出版社2014年版。

狼很轻易地进行了伪装，使得小羊们难以甚或根本不能辨识陌生的大灰狼的特征，或是无从分别陌生的大灰狼的危险性或危害性究竟为何。故事中的七只小羊及其意涵的年幼孩童对陌生的生活世界的体验，尚位于个体认知发展的前操作思维阶段，能够把适当的活动基模归因于客体（最初是以心理形态的形式归因于客体，然后是把活动基模分散成为一些可以客观地表现出来的若干功能）[1]。小羊或年幼孩童可以描述具体的客体及其呈现的某种具体特征之类的亲知知识。如对大灰狼和羊妈妈之间的差异性能有所意识，或是能比较、分辨羊妈妈的声音是细小的，大灰狼的声音是粗哑的；羊妈妈的脚是白色的，大灰狼的脚是黑色的。年幼孩童可以亲知到组成事物表象的感觉与料，或是对自身所"直接察觉的任何事物都是有所认识的，而不需要任何推论过程或者是任何有关真理的知识作为中介"。但对于危险性或危害性之类"凭描述得来的关于事物的知识"，或"免不了要以某些有关真理的知识"作为其来源与

1　[瑞士]皮亚杰：《发生认识论原理》，王宪钿等译，商务印书馆1981年版，第44页。

依据的知识，[1]就时常未免遭遇到某种局限性。

从具体的经验或具体事物所获得的意象中，小羊或年幼孩童的经验脉络或诠释基模尚难以或不能做出合乎逻辑的想象或再现。想象或再现的一种意谓，是对于某种尚未在生活世界现身出来的事物，却能够在个人的意向性中呈现其意象。小羊或年幼孩童对客体的关注亦尚难以就其整体性来进行理解或说明，或难以意识到具体客体之为具体客体的特性、整体性或本质。如难以追究陌生的生活世界的秩序构成的意义，也难以理解生活世界的真实和虚假、已知之事和未知之事相分离的界限，或难以想象危险性或危害性所指称的意义及其与大灰狼的具体特征之间的内在联系。年幼孩童在生活世界的日常性话语或叙说中接触、听说过"大灰狼"或"妈妈"，或能够道出"大灰狼来了"或"妈妈回来了"之类的语词或故事，并不意指着年幼孩童对"大灰狼"或"妈妈"的经验、把握已然是本真性的，而可能只是一种不确定的描述性质的知识"[2]。依据诸如此类的语词或故事，年幼孩童并非就已然可以来揭晓或彰显

143

1　［英］罗素：《哲学问题》，何兆武译，商务印书馆2012年版，第57页。

2　［美］罗素：《哲学问题》，何兆武译，商务印书馆2012年版，第62页。

"事物本身",或进行"阐明事物的本质,即'本质阐明'"的行动,[1]抑或已经不再局限于对一个语词或叙述的概念性质的表象的意识,能够于"以言行事"中体验和描述语词或叙述在秩序构成中的意义展现过程。

绘本《小兔子乖乖》与《狼和七只小羊》的故事讲述过程中,小兔子、小羊及其寓意的年幼孩童在生活世界的"以言行事"中遭遇到的艰难,就是如何正确地体验陌生的"大灰狼"或"妈妈"在秩序构成中的意义。此一种"以言行事"的艰难兴起于对陌生的生活世界可能出现的危险性或危害性的警醒,或是对陌生的生活世界可能给予个人行动的自由的慎重。对"大灰狼是谁"的追问,不只是一种旨在"描述"某些事态或"道出"某些事实为真或为假的"陈述性"话语或叙说,[2]探寻"大灰狼是谁"可能绽显的意义,指涉着一种"行事性"话语或叙说,一种方向未必需要由某一独特的意象或意义内容来决定的行动。"大灰狼

1　[爱尔兰]德尔默·莫兰:《现象学:一部历史的和批评的导论》,李幼蒸译,中国人民大学出版社2017年版,第278页。

2　[英]J.L.奥斯汀:《如何以言行事》,顾曰国导读,外语教学与研究出版社2012年版,第1页。

是谁"追问的是"大灰狼"的危险性或危害性为何，或是"大灰狼"的危险性或危害性如何呈现出来。与此形成对照的是，年幼孩童对诸如"妈妈是谁"之类的权威或指引者的追问，或是对权威或指引者的服从，则通达着对陌生的生活世界的危险性或危害性做出某种界分的准据，或是借由行动指令或行动规则、行动框架来体验生活世界的陌生性的一种"以言行事"。缘于社会秩序构成的视域对"大灰狼是谁"进行的追问，是根据危险性或危害性的日常客观标准和行动规则、行动框架来揭示"大灰狼"的本质，是一种将个例涵盖在普遍准则之下的判断。

145

　　小兔子、小羊及其蕴涵着的年幼孩童体验陌生的生活世界的意义脉络中，界定"大灰狼是谁"或"妈妈是谁"的"陈述性"描绘，时常是为着到达和理解"大灰狼是谁"或"妈妈是谁"的"行事性"实践。年幼孩童探寻"大灰狼是谁"或"妈妈是谁"的"以言行事"的实践，是借由行动并在行动本身的历程中体验"大灰狼是谁"或"妈妈是谁"，或是一种具有法律或政治性质的关涉的"行动"，一种与"劳动"和"制造"有所分别的"行动"。劳动指向的是满足人类身体的生物过程的活动，"劳动的世界是无穷无尽重复的和封闭的世界"。制造"反映着'人的生存的非自然性'",其所指向的是人类生存的一种"特殊活动,基本上是创造性的活动"。制造回应着人的"世界性"。行动意谓着复数的人而非大写的人在这个世界的政治行动、实践,其所回应的是人的一种"多元性"。[1]透过秩序构成的视域追寻"大灰狼是谁"或"妈妈是谁"的"行动",是年幼孩童对于陌生的生活世界的一种奠基性地去开始,这样去做试试看,行动"必定是创造性的,它必定相关于创新或提供新的'开端'"。[2]行动蕴含着一种断裂、突破,甚或可能是年幼孩童对之前未曾有过法律性/政治性行动的"惯习""常态"的打破。年幼孩童的行动的实践,终究不同于劳动和制造,行动"牵扯危险,并非每个人都能够行动",它不必然带来成果。[3]"行动"的意义及其后果,将可能进入一个行动者本身无法预期或控制的陌生的生活世

1 [爱尔兰]德尔默·莫兰:《现象学:一部历史的和批评的导论》,李幼蒸译,中国人民大学出版社2017年版,第338—340页。

2 [爱尔兰]德尔默·莫兰:《现象学:一部历史的和批评的导论》,李幼蒸译,中国人民大学出版社2017年版,第341页。

3 [爱尔兰]德尔默·莫兰:《现象学:一部历史的和批评的导论》,李幼蒸译,中国人民大学出版社2017年版,第341页。

界之中。

去究问"大灰狼是谁"或"妈妈是谁"的"行事性"实践，绽现着年幼孩童对陌生的生活世界有所"好奇"或"质疑"的开端。"好奇"或"质疑"的激情的涌生，就是年幼孩童不再驻留在对"大灰狼"或"妈妈"的语词涵义的"陈述性"感知中，或不再捆缚在对"大灰狼"或"妈妈"的表象的亲近、观看中，而是转向对"大灰狼"或"妈妈"在秩序构成中的意义的想象、猜测和实现。根基在"以言行事"中的对"大灰狼是谁"或"妈妈是谁"的"好奇"或"质疑"，是年幼孩童经由行动规则或行动框架来诠释陌生的生活世界，或是对自身"陈述性"地表述陌生的生活世界的经验的跨越、否定。"好奇"或"质疑"是一种涉身于秩序构成中的意义的"开端启新"。对"好奇"或"质疑"的持续绽显或保有，将使得年幼孩童超越于日常性惯有的"不行动"的确定性之外，让其正在行动着的本真之我从一种遮蔽无明的状态中开显出来，让某种新的东西得以提出，也让自身得以看见和听见。这是年幼孩童的一种解蔽自我的动态开展，或是在秩序构成的意义脉络中开始自由行动，"并对新事物的到来持开放性"。[1]

审视着陌生的生活世界的"好奇"或"质疑"，不仅将年幼孩童彰显为试图于"以言行事"中体验"大灰狼是谁"或"妈妈是谁"的行动者，也将年幼孩童彰显为正在开端性地把握陌生的生活世界的行动者。年幼孩童的行动存在于和生活于意向活动的开显、成全之中，一种由秩序构成所囊括的意义开显，其中带有"向他人的一种开放性，一种包含在对话概念之内的开放性"。[2]对"大灰狼是谁"或"妈妈是谁"的探求，不能只是依靠一种未经实践的想象力，[3]就如《绿野仙踪》中想要头脑的稻草人、希望找回心的锡樵夫和期待拥有勇气的狮子，在生活世界的实践所道明的一样。对"大灰狼是谁"或"妈妈是谁"的言说，例证着年幼孩童在生活世界的秩序构成中理解危险性或危害性是什么的"以言行事"，也通达着年幼孩童的行动在秩序构成中的行动依据

1　［爱尔兰］德尔默·莫兰：《现象学：一部历史的和批评的导论》，李幼蒸译，中国人民大学出版社2017年版，第342页。

2　［爱尔兰］德尔默·莫兰：《现象学：一部历史的和批评的导论》，李幼蒸译，中国人民大学出版社2017年版，第278页。

3　［美］L. 弗兰克·包姆：《绿野仙踪》，张建平译，上海译文出版社2007年版。

或"是非对错"。年幼孩童体验"大灰狼是谁"或"妈妈是谁"的行动，时常总是从权威或指引者提供的行动指令 或行动规则、行动框架来开始的，是一种能够在生活世界的秩序构成中产生意义的不断探索过程，亦表征着年幼孩童对生活世界的陌生性的体验是一种意义的遮蔽和去蔽的过程。

第二节

由愿景叙事而来

在理解之中服从

年幼孩童体验陌生的生活世界的秩序构成的意义脉络或诠释基模，始终意味着一种不断"深植于人的有限性和人的'语言性'内"，将个人行动的意义实现出来的真实事件，"一种继续向前的、永不可能完成的理解过程"，而理解是人之在世存有的主要方式。[1]理解意涵着个人在生活世界之中的"投射计划"，或是个人对生活世界的具体的事实性或现实生活的揭示。生活世界的事物如何呈现，个人就正如它的呈现去理解它。理解是人生活本身的先决条件，

---

1 ［爱尔兰］德尔默·莫兰：《现象学：一部历史的和批评的导论》，李幼蒸译，中国人民大学出版社2017年版，第277页。

带有其自身在人生活中进行的结构与典范。个人对行动指令或行动规则、行动框架的理解，只会在个人涉身的秩序构成的某种预设着诸多假定的"现存传统的范围"之内形成[1]，或是在经由"一系列惯例或行为规则之复合体构成的"[2]意义脉络的限定而来。年幼孩童对陌生的生活世界的理解，通达或架构着其服从行动指令或行动规则、行动框架的可能性。对行动指令或行动规则、行动框架的服从或不服从，未必根植于年幼孩童对其遵循行动指令或行动规则、行动框架的结果或效应的清晰说明。年幼孩童的服从还是不服从，会时常出于其对行动指令或行动规则、行动框架的重要性的关注或谨慎践行。

关涉年幼孩童的日常性话语或叙说中，就有着呈现年幼孩童服从行动指令或行动规则、行动框架的重要性的常见话题。如《小兔子乖乖》与《狼和七只小羊》的故事勾勒，在小兔子、小羊及其意涵的年幼孩童要做出的行动，

1　［爱尔兰］德尔默·莫兰：《现象学：一部历史的和批评的导论》，李幼蒸译，中国人民大学出版社2017年版，第280页。

2　［英］哈耶克：《法律、立法与自由》（第一卷），邓正来、张守东、李静冰译，中国大百科全书出版社，2000年版，第16页。

也就是如何面对"大灰狼是谁"或"妈妈是谁"在秩序构成中绽显的意义中，或如何体验陌生的生活世界的危险性或危害性之中，就彰显着年幼孩童服从行动指令或行动规则、行动框架的意义的澄明。对行动指令或行动规则、行动框架的服从，《小兔子乖乖》表述着服从的价值，《狼和七只小羊》则展现着未能服从的遭遇。在能否服从的两种"以言行事"话语或叙说的对立中，年幼孩童谨慎对待陌生的生活世界的缘由，或是服从行动指令或行动规则、行动框架的重要性就显现出来。年幼孩童的服从或不服从的重要，并非只是言及生活世界的秩序构成的语义解释、规定，而是要介入秩序构成中的意义展现流程，向秩序构成的运作实效的历程开显自身。秩序构成的运作实效的历程不是一种对立或歧异于个人的客体。服从行动指令或行动规则、行动框架与否，彰显着年幼孩童的在世存有是在于并透过秩序构成来运作的。服从与否，指涉着"对世界以何种方式方法显现给人们的解释性构造分析"[1]，是一种个人在本身的意义脉络或诠释基模中为秩序构成赋予意义的活动，

---

1 ［德］黑尔德：《导言》，载于胡塞尔：《生活世界现象学》，倪梁康、张廷国译，上海译文出版社2005年版，第3页。

或是将个人业已体验到的意义加以筹划。

　　《小兔子乖乖》与《狼和七只小羊》的故事描述中，追问或关注"大灰狼是谁"或"妈妈是谁"的过程，不仅要辨识或追究能够为小兔子和小羊看得见的某一个符码或某一些符码，也要能够察觉或想象到某一个或某一些为小兔子和小羊看不见的符码。在小兔子、小羊及其表征的年幼孩童试图完整地感知一个事物的流程中，事物意指着诸多可能的可见性，"它永远也不会在感知中全面地展现出它所拥有的、以及感官事物性地构成它自身的那些特征"[1]。对陌生的生活世界的追问或关注，将"包含着本真被感知之物与本真未被感知之物的区别"[2]，或是一种缠绕着看得见的符码与看不见的符码的追问或关注。"从意向活动方面来看，感知是一种真实的展示（它使被展示之物在原本展示的基础上直观化）与空乏的指示（它指明可能的新感知）

153

1　［德］胡塞尔：《生活世界现象学》，倪梁康、张廷国译，上海译文出版社2005年版，第46页。

2　［德］胡塞尔：《生活世界现象学》，倪梁康、张廷国译，上海译文出版社2005年版，第47页。

之间的混合。"[1]透过对年幼孩童看得见的符码与看不见的符码的"共同意指",或是对看得见的符码与看不见的符码的"共同当下"的意识,为年幼孩童看得见的符码才能够在连续性的个人意向中达成一种嬗变,从只是作为感知流程中的某种现时性的当下感知,成为一种具有完整意义结构的被感知对象的构成要素。如年幼孩童意向中的"大灰狼"或"妈妈"的完整意义结构,就根植于看得见的"大灰狼"或"妈妈"的意义与看不见的"大灰狼"或"妈妈"的意义的共同在场。

为个人看得见的符码意涵着一种对看不见的符码的指明或趋向,"一种不断地向尚未被给予的现象迈进的指明趋向"[2]。看得见的符码与看不见的符码"在一致的意义相合性中使同一个对象作为一个自身不断得到新规定的对象而成为现实的、充实的被给予性"[3]。在个人意向中延续的

154

---

1 [德]胡塞尔:《生活世界现象学》,倪梁康、张廷国译,上海译文出版社2005年版,第48页。

2 [德]胡塞尔:《生活世界现象学》,倪梁康、张廷国译,上海译文出版社2005年版,第49页。

3 [德]胡塞尔:《生活世界现象学》,倪梁康、张廷国译,上海译文出版社2005年版,第50页。

"同一个对象"的意义结构，意涵着一种不断超越每一个感知阶段所呈现意义的可能性。个人经验到的"同一个对象"的意义结构，始终是一种有着新的可能性或不确定性的意义绽显，或年幼孩童体验陌生的生活世界的"经验脉络随着每一个新的经验而扩展，而在每个当下都有着前经验的坚实状态"。[1]年幼孩童对陌生的生活世界的体验如对"大灰狼是谁"或"妈妈是谁"的探寻，就是进入一种可能不断整合出新的或更高阶的意义脉络的总括整体中去。借由对陌生的生活世界的主题注视，年幼孩童呈现出来的意义脉络或诠释基模，则时常与权威或指引者所经历到的生活世界的意义脉络有所分别，抑或相异于生活世界的行动规则或行动架构素朴地设定的意义展现流程。年幼孩童能否服从权威或指引者的指引，或是对行动指令或行动规则、行动框架服从与否，就可能缘出于彼此的意义脉络或诠释基模之间的不融贯性，或是年幼孩童已然具有体验的"主观意义"与正在或尚待体验的"客观意义"不能适当的相对应。

155

1　［奥］舒茨：《社会世界的意义构成》，游淙祺译，商务印书馆2012年版，第101页。

依照《小兔子乖乖》与《狼和七只小羊》的故事逻辑，小兔子、小羊及其意喻的年幼孩童视域中的某种看得见的符码，是可以直接描述"大灰狼"或"妈妈"的某种具体特征的现象或意象。诸如羊妈妈的细小的声音、大灰狼的粗哑的声音；羊妈妈的白色的脚，大灰狼的黑色的脚之类。呈现"大灰狼"或"妈妈"的意义结构的某种看不见的符码，年幼孩童则难以或根本不能有所觉察。年幼孩童也难以甚或根本不能超越某种能够表征"大灰狼"或"妈妈"的看得见的符码，以表达或传递"大灰狼"或"妈妈"的意义结构整体。年幼孩童难以甚或根本不能理解"大灰狼"的危险性或危害性的意义指涉，也难以甚或根本不能将陌生的生活世界的某种个殊性特征与危险性或危害性连贯起来。年幼孩童体验陌生的生活世界的视域中的个殊性特征，未必是一种能够进入日常性话语或叙说的特定意义整体的一个部分。对某一特定意义整体的把握，不仅通达着个殊性特征如何进行比对或参照，也涵盖着个殊性特征如何融嵌成一种特定意义整体。从个殊性特征的描述转到一种特定意义整体的形成，不只是涉及诸多个殊性特征的拼接、统整过程，并且贯穿着对某一特定意义整体的"整体性"

意象或普遍概念的想象。对某一特定意义整体的判断，需要借由扩展性的意向或想象，来对自身再现某种尚未为其意识到的事物。

服从行动指令或行动规则、行动框架，年幼孩童则可能遵循或去到行动指令或行动规则、行动框架的意义展现之中。服从行动指令或行动规则、行动框架，也就是年幼孩童的"主观意义"可能放到行动指令或行动规则、行动框架的"客观意义"的脉络之中去呈现，或是可能使年幼孩童的"主观意义"与行动指令或行动规则、行动框架的"客观意义"有适切的相互对应。借由此一服从的意向及其带来的结果或效应，年幼孩童就可能由停驻于个殊性特征或看得见的符码之注视中超越出来，达成对与之相对应的某一特定意义整体的体验，抑或对陌生的生活世界的行动架构的洞见。年幼孩童对某一特定意义整体或概念的体验或阐明，其"行动的整全性只有在构想的跨度中才得以形成"[1]。在服从行动指令或行动规则、行动框架的实践中，年幼孩童得以经验到秩序构成的意义，秩序构成的流程是

157

---

1 ［奥］舒茨：《社会世界的意义构成》，游淙祺译，商务印书馆2012年版，第159页。

以一种活生生的同时性被经验的。于活生生的现在中去服从的行动指令或行动规则、行动框架的意义，并不是以一种已然完成的整合体形态呈现给年幼孩童的，而是"在多元结构的意义设定活动中逐步构成的，也在多元结构的意义设定活动中逐步获得诠释"[1]。行动指令或行动规则、行动框架的意义，是年幼孩童在体验秩序构成的意义的流程中展开的，或是直接地绽显为年幼孩童可以借其自身的并同活动而在它的现在中衡量其活动的意识流。

行动指令或行动规则、行动框架具有的类型化特质，预设着某种为生活世界共享的意义脉络或"被规范的诠释基模"[2]。一个整体的和未分割的时间之流中，年幼孩童在服从中的体验，将行动指令或行动规则、行动框架的意义或意义设定涵盖进来。此一涵盖意义的流程，时常以年幼孩童的某种原因动机或目的动机为导向。原因动机或目的动机意指着年幼孩童对行动指令或行动规则、行动框架的

1　[奥]舒茨：《社会世界的意义构成》，游淙祺译，商务印书馆2012年版，第173页。

2　[奥]舒茨：《社会世界的意义构成》，游淙祺译，商务印书馆2012年版，第283页。

兴趣架构或"特定的注意样态"[1]，或是对行动指令或行动规则、行动框架的意义可能性的想象和期待。经由年幼孩童的动机所展现的惯习性脉络，就关连着其与社会秩序构成的某种"共在"，或有可能体验的整个秩序构成的意义脉络或诠释基模。借由引发个人服从某种秩序构成的动机脉络，年幼孩童就可能把其个体行动的表现看成是生活世界整体的一个部分，而不会坚持把它们看成是属于"不受任何人为影响的那个世界中的一些极为琐屑的枝节"[2]。年幼孩童服从行动指令或行动规则、行动框架的动机脉络，则时常根植于日常性话语或叙说中以"幸福生活"为主题的愿景叙事。愿景叙事显现出年幼孩童服从行动指令或行动规则、行动框架的"自我—导向"的特定依据。

159

出于愿景叙事的服从

在关涉年幼孩童的日常性话语或叙说中，某一故事讲

1　[奥] 舒茨：《社会世界的意义构成》，游淙祺译，商务印书馆2012年版，第238页。

2　[英] 罗素：《哲学问题》，何兆武译，商务印书馆2012年版，第155页。

述或叙事文本的收结之处，时常能够见到诸如"从此以后，过上了幸福的生活"一类的愿景叙事的交代。这一处交代中的"此"，就隐含、规整或敞开着一种秩序构成中的转折。"从此以后"不同于"此"之"以前"，是对此之"以前"的修正、改变。"此"之"以前"，年幼孩童置身的生活世界可能会伸展出一种危险性或危害性，扭曲、对抗或掩蔽着年幼孩童过上"幸福的生活"的可能性。在"此""以前"，危险性或危害性的扩张形成生活世界的重要线索。进到"此"，就或是会有一种本源于"此"之"以前"的生活世界以外的要素介入进来，或是有一种根植于"此"之"以前"的生活世界之内的要素衍生出来，变更或翻转"此""以前"的危险性或危害性，推动、护佑或生发出"幸福的生活"的起始。经由"此"所覆盖的故事讲述或叙事文本的脉络里，某种能够妨碍、冲撞或剪除"幸福的生活"的危险性或危害性，不仅会束缚或替换、掠夺年幼孩童的"自由行动"的可能性，也可能会孕育着缘于年幼孩童主体性的选择"自由行动"的决断力。

在"此"之际，危险性或危害性成为"幸福的生活"的一种对照或参照。对照或参照的义蕴，并非是指涉着

"幸福的生活"必定得以危险性或危害性为前提条件，也不是意指着"幸福的生活"对危险性或危害性的必定含纳。成为一种对照或参照，就不仅意涵着危险性或危害性是一种可能通达"幸福的生活"的"共在"，也揭显着"幸福的生活"先行性地对抗或克服危险性或危害性的可能性。危险性或危害性的存有，揭显出"幸福的生活"的限度或边界。"幸福的生活"的出现，表达着危险性或危害性的暂时隐匿。"幸福的生活"的可能性或现实性，是对危险性或危害性的可能性或现实性的否定。"否定"不是要抹去什么，"否定"意谓着正在实践中的"幸福的生活"需得注意甚或警惕危险性或危害性的"共在"或到来。危险性或危害性的到临，始终都会是陌生的生活世界的未来秩序构成中的一种可能性，一种时刻可能侵袭或去除"幸福的生活"正在到临的现实性。暂时置身于"幸福的生活"之外的年幼孩童，之后是否能具有"过上幸福的生活"的因缘，就或许都得有赖于对危险性或危害性的明辨与驱离，或是遵循权威或指引者的指引，抑或是服从某种行动指令或行动规则、行动框架。危险性或危害性的暂且不能对年幼孩童有所影响或能够有所影响，都意涵着年幼孩童对某种行动指令或行动规则、行动框架的体验或运用。没有其自身对生活世界的特定行动指令或行动规则、行动框架的适当的践行，则年幼孩童所念兹在兹的"幸福的生活"的可能性，就可能都是一种难以或根本不能成就的"幸福"可能性，一种也许只会留存在年幼孩童的个人想象中的生活图景。

年幼孩童之所以暂时未能进入"幸福的生活"，时常是起于年幼孩童未能适当地切中陌生的秩序构成的意义脉络或诠释基模，或是对陌生的生活世界的行动规则、行动构架的未能践行。未能切中或未能践行的"未能"，也许径直相关着年幼孩童的未能"听话"。权威或指引者的"话"中时常能够为年幼孩童呈现某种行动的目标，而对一个目标的凭靠或内化，是很多人获得幸福的一种泉源。对于权威或指引者为年幼孩童勾描的个人在生活世界的行动脉络或行动框架，年幼孩童的"未能""听话"，就意味着其可以实现"幸福的生活"的行动目标的落空，或是不曾注意能达成"幸福的生活"的特定行动指令或行动规则、行动框架。年幼孩童的"未能""听话"，并非定然是年幼孩童拒绝"听"权威或指引者的"话"，而时常是年幼孩童"尚"未能"听"到权威或指引者意欲将其指引到生活世界的秩序构成中的"话"，或是未能有机缘践行权威或指引者意欲将其带引到生活世界的秩序构成中的"话"。如在绘本《灰姑娘》的故事讲述中，开始之际徘徊于"幸福的生活"之外的灰姑娘，是其显然敞开在此的权威或指引者已然逝去，未能"听"到此一权威或指引者言说生活世界的秩序构成的"话"。在绘本《穿靴子的猫》的故事进展中，于起始时与"幸福的生活"似乎有所隔膜的年轻人，就正是迂回或停驻在"善意"的教导或规训之中，而未能有机缘去究问、坐实或践行权威或指引者描绘生活世界的秩序构成的"话"。

在权威或指引者加于年幼孩童的"听话"中将"幸福的生活"悬为鹄的，引导或期待年幼孩童遵循某种有助于去往"幸福的生活"的行动规则、行动构架之际，年幼孩童能不能"听话"并非即是同构于能不能"过上幸福的生活"。不只是权威或指引者在日常性话语或叙说中所中意或通达的"幸福的生活"未必是年幼孩童所想望的"幸福的生活"，亦不只是权威或指引者在日常性话语或叙说之中所中意或通达的"幸福的生活"未必是陌生的生活世界所允准的"幸福的生活"。权威或指引者言及"幸福的生活"的

"话"，不是在陌生的生活世界为年幼孩童的"幸福的生活""立法"，且年幼孩童的"幸福的生活"未必是"听话"之后的唾手可得之物。如年幼孩童能不能"听"权威或指引者的"话"与能不能在陌生的生活世界践行权威或指引者的"话"之间，就时常存在着不可消弭的缝隙。在秩序构成的"以言行事"中时常不能无疑地认定行动的"得体和不得体"的年幼孩童，从陌生的生活世界可能取获的"幸福的生活"，就可能是缘于对所"听"到的权威或指引者之"话"的直接抱守，也可能是出于对所"听"到的权威或指引者之"话"的"创造性误用"。经由服从所"听"之"话"中的行动规则、行动构架的义蕴到"能够"实现"幸福的生活"之间，"能够"主要具有三种意指，也就是个人意识到所意指的事物或对象，在历史脉络中生发出来的、施予个殊性的限制或个人在生活世界的行动可能性，以及个人有所实践的现实行动能力。个人"能够"意识到所意指的事物或对象，则概括着生活世界是经常地甚或必然地作为一切现实的和可能的行动领域，生活世界是经由呈现为个殊性意向的地平线而预先给定的。如年幼孩童之所以"能够"通达"幸福的生活"，不仅可能得理解"行事性"

话语或叙说的意涵，也要涉及对陌生的生活世界的秩序构成的真实与虚假的说明辨析，甚或还可能需借助正在偶然之间到来的"好运气"。年幼孩童对所"听"到权威或指引者之"话"的最低限度的探寻，就是需要规避、隔断或删除陌生的生活世界的危险性或危害性。

"幸福的生活"的源头是"在……心里"[1]，对"幸福的生活"的践行则起事于年幼孩童能在生活世界的个人行动中"成为其自身"，或是能够将"心"里的意向展现为生活世界的特定行动。"幸福的生活"得以衍生的一种先行条件是年幼孩童个人的主体性的绽显，或是能够对生活世界有所"思考"的个人的自由选择。在年幼孩童对"幸福的生活"的体验进程中，个人能够对陌生的生活世界的意义繁复性组建起审慎的经验、把握，或是"有用自己的眼睛看事物的能力，……按自己的判断生活，不因时间和境况

1　［荷］伊娃·伊兰：《幸福的源头在哪里》，孙莉莉译，文汇出版社2020年版。

的改变而随波逐流"。¹绘本《小黑鱼》²的故事讲述中，当小黑鱼决意与伙伴们一起装成大鱼的样貌去游，借以对抗试图吞食小鱼的真实大鱼之际，小黑鱼请缨去扮做所假装成的大鱼的"眼睛"。"眼睛"的功能之一即是辨识，有助于为假装成的大鱼"观看"到危险性或危害性的存在，勾画出正确行动的路径，或是有助于假装成的大鱼确定其存身于大海中的"位置"。

想扮做大鱼的"眼睛"，也许起因于小黑鱼有过潜入海底深处静默"思考"的经验，对"我是谁"的问题有所明晰。慎思"我"之为"我"的存有为何，就是慎思"我"如何在生活世界的秩序构成之中存有的特定模态。慎思"我"的存在，就是要对"我"在生活世界的"位置"或"身份"进行勾勒或描绘，既要观看到"我"与"我"的权威或指引者之间的差异性，也要观看到"我"或"我"的权威或指引者与生活世界的陌生性之间的差异性。对不同存有者之间的差异性的"思考"或观看的经验，能够有助

1　[日]松居直：《如何给孩子读绘本》，林静译，北京联合出版公司2017年版，第87页。

2　[美]李欧·李奥尼：《小黑鱼》，彭懿译，南海出版公司2010年版。

于小黑鱼对自身行动的限度的观看和捕捉，对陌生的生活
世界具有的危险性或危害性有所警醒。

在愿景叙事的脉络中服从

　　绘本《田鼠阿佛》[1]的故事讲述中，幸福的生活奠基于
对生活世界的"沉思"。叙事中的阿佛没有与伙伴们一起采
集食材一类的生活资料，而是经由"沉思"来"采集"阳
光、色彩和词语。阿佛的伙伴们采集生活资料的行动，是
一种"劳动"或"制造"。劳动指向的是满足人类身体的生
物过程的活动。制造"反映着'人的生存的非自然性'"，
其所指向的是人类生存的一种"特殊活动，基本上是创造
性的活动"。制造回应着人的"世界性"。阿佛致力于"采
集"的实践是一种行动。行动意谓着复数的人而非大写的
人在这个世界的政治性质的行动。[2]阿佛的行动并不指向与
日常性的生活需求具有直接联系的生活资料，而是对幸福

167

1　[美]李欧·李奥尼：《田鼠阿佛》，阿甲译，南海出版公司2010年版。

2　[爱尔兰]德尔默·莫兰：《现象学：一部历史的和批评的导论》，李幼蒸
译，中国人民大学出版社2017年版，第338—341页。

的生活具有不可忽视的重要性的事物，一种能够给生活世界带来希望、欢乐和生之幸福的事物。阿佛的"采集"行动意谓着"产生了显现空间"，行动一直就在建构着生活世界的秩序构成，跨越所有的限制和界线，行动回应的是人的一种"多元性"，"多元性"掌控着大地。[1]阿佛的行动相系于个人的幸福生活的"多元性"自由选择。

阿佛的"采集"行动是对其伙伴们的"劳动"或"制造"的惯习或常态的打破，一种与"劳动"或"制造"有异的法律性/政治性行动。阿佛的"采集"是一种微观秩序构成中的去开始，这样做试试看，行动"必定相关于创新或提供新的'开端'"，行动意味着断裂、突破和新的开始。[2]此一特立独行的"采集"行动，不是旨在掩盖、取消生活资料对阿佛及其伙伴们的重要性，而是有助于阿佛聆听和理解其所置身的生活世界的意义之网，也是阿佛期望伙伴们聆听和解析生活世界的意义之网的提醒。

1　［爱尔兰］德尔默·莫兰：《现象学：一部历史的和批评的导论》，李幼蒸译，中国人民大学出版社2017年版，第342页。

2　［爱尔兰］德尔默·莫兰：《现象学：一部历史的和批评的导论》，李幼蒸译，中国人民大学出版社2017年版，第341页。

　　阿佛旨在"采集"的阳光、色彩和词语，将界定着阿佛所置身生活世界的幸福的意义内涵与边界，或是个人得有幸福的可能性的内涵与边界。没有这种具有界定性功能的"采集"行动，阿佛及其伙伴们无以知晓幸福如何可能，其所置身的生活世界将是一种没有意义或秩序融贯性的世界。生活世界的"真实"存在，需要从"采集"幸福的意义的界定性行动开始着手。阿佛的"采集"行动是对于其伙伴们所收集的日常性生活资料或人的生物生理性的"诊断"，一种"能够判断事物对于环绕其四周的生活之意义"的"诊断"。[1]"幸福的生活"不会是一种外在于个人主体性的生活世界的实事，也未必会停驻或固守在个人对秩序构成的臆想之内。"幸福的生活"需要奠基于能够展现年幼孩童个人主体性的自由行动选择。能展现自我的"幸福的生活"的行动者不同于劳动者，因其未被束缚在人之生物生理的生命的必然性和重复性中。行动者也不同于制造者，其并不受制于某种有所作为的"目的/手段"的行为与理解模式。体现"幸福的生活"的行动必然发生于一个有着他

169

　　1　［美］格尔茨：《地方知识：阐释人类学论文集》，杨德睿译，商务印书馆2016年版，第191页。

者之在的公共空间，"幸福的生活"的行动是一种自我的实践，这种行动的本质就在于彰显与体现。绽显"幸福的生活"的行动"不需要任何内在的动机，也不必然产生具实质性的效应或结果"。"幸福的生活"的行动"体现某一确定的实践原则"，或其"行动实践之性质直接呈现行动主体的人格与认同"[1]。

体验陌生的生活世界就是去往一种有可能达成年幼孩童的"幸福生活"的世界，一种可能使得年幼孩童的愿景叙事能够达成的生活世界，一种藏匿着"幸福生活"的"秘密花园"。有助于年幼孩童达成以"幸福生活"为主题的愿景叙事的自由行动选择，可能发生在年幼孩童所置身的微观生活情境的偶然变更之际，或是年幼孩童的"幸福生活"时常不会是一种全然超脱于生活世界的个殊性选择。生活世界的特定境遇或场域，时常是年幼孩童能否拥有"幸福的生活"的一种先行性约束条件。在绘本《灰姑娘》[2]的故事讲述中，灰姑娘的不幸或幸福都与其周遭的微

1　蔡英文：《政治实践与公共空间：阿伦特的政治思想》，新星出版社2006年版，第82页。

2　［日］安野光雅：《灰姑娘》，艾苕译，九州出版社2019年版。

观生活情境紧相关连。叙事的起始之处，灰姑娘已然置身
的生活世界是其未有权威或指引者的适当指引的生活世界，
或是对灰姑娘的行动具有不适当的指引的生活世界。灰姑
娘难以越过生活世界的不适当的指引的日常性纠缠。直至
其于偶然之中受到魔法的庇护，灰姑娘才得以有机缘与原
本陌生的王子相遇，从衍生不适当的行动指引的生活世界
的框限中逃离出来，进入有着"幸福生活"可能性的场域。
故事中的王子的到来，展现着灰姑娘的"幸福生活"能够
在现在或未来开显的可能性。王子呈现出一种外在于灰姑
娘的现成的生活世界的异己性，一种能够导致施加于灰姑
娘的不适当指引的瓦解的陌生性。王子及其驻留的陌生的
生活世界，揭晓着陌生的生活世界并非只是一种生成着危
险性或危害性的场域，也会是一种能够达成灰姑娘或年幼
孩童的"幸福生活"的关键要素。

　　根植于年幼孩童的主体性的"幸福生活"，其可能通达
的生活世界的特定蕴涵或意义构成的形态是繁复多样的。
不同的现成的生活世界、不同的陌生的生活世界都可能影
响到年幼孩童个人对"幸福的生活"的体验。"幸福的生
活"所具有的多元性，意涵着幸福的生活本身的实践不需

要设定某种特殊的行动规则或行动架构，或是年幼孩童服从的行动指令或行动规则、行动框架可以是多元性的。对于日常性话语或叙说之中透过"幸福生活"来彰显的愿景叙事，实现"幸福的生活"的义蕴，并非是要指引年幼孩童必须选择什么样的"幸福生活"，而是使其成为一种缘于年幼孩童的主体性的自由行动，一种在年幼孩童服从行动指令或行动规则、行动框架之中的自由行动。为着"幸福的生活"服从行动指令或行动规则、行动框架，时常表达着年幼孩童对生活世界的某种秩序构成传统的依循，或年幼孩童体验陌生的生活世界的行动总是扎根或预置在一种秩序构成传统的事实性之中。有赖于此种秩序构成传统绽显的意义脉络或诠释基模，年幼孩童服从行动指令或行动规则、行动框架的行动，就能够在生活世界具有某种可以辨识的意义。一种秩序构成的传统未必是一种已然固化的、形塑完成的造物，也未必是一种始终有着不确定性的行动架构或行动套路，而是一种能够为年幼孩童的服从提供适当的预期的秩序构成倾向。

在生活世界的社会秩序构成传统的意义脉络或诠释基模的呈显中，既可能敞开着对年幼孩童的服从予以指引的

提示或期待，也框限着年幼孩童的服从得以可能的先行性
条件。秩序构成的传统是一种年幼孩童个人有所依赖或参
照的"典范"，一种无法先验地决定行为的实践的视框，或
是有关行为履行的一般性的限定。借由此一限定，年幼孩
童服从行动指令或行动规则、行动框架的实践，就可以按
照某一套知识装置或故事逻辑来理解、诠释。秩序构成的
传统不是针对特定行为而发出的个别指令，而是有关行为
履行的前提性条件。该种前提性条件，并非意谓着能够预
先决定或要求某一个别行为应当选择与履行，而是年幼孩
童个人在生活世界进行选择与行动之际，会被带入考量的
一种前提性条件。秩序构成的传统为年幼孩童筹划或提供
一种社会秩序构成的知识，一种将秩序构成的意义予以移
置、类比（analogy）的可能性和现实性。年幼孩童对行动
指令或行动规则、行动框架的服从是否有助于达成"幸福
的生活"，就在于其能否相对应于秩序构成传统中蕴藏的意
义脉络或诠释基模。在借由"幸福生活"来彰显愿景叙事
的日常性话语或叙说中，关涉着年幼孩童的"我"之为
"我"的主体性在生活世界的持续涌现，或是年幼孩童对陌
生的秩序构成的意义脉络的不断经验、把握。

173

第五章

秩序叙事或秩序认同的绽显

第一节

秩序架构意向的萌兴

秩序叙事或秩序认同的涵义

在个人的生活中，积聚着对自身经验所赋予的意义或故事逻辑。年幼孩童对陌生的生活世界的经验、把握，涵括了通达着个人的意义建构的秩序叙事或秩序认同的启动和开展。秩序叙事或秩序认同指涉着个人对陌生的生活世界的秩序构成中的事件的某种提取或归整，或是将可能曾在、现在和未来的意向或行动实践收集在一起，使其摆放到朝向自身的一种特定的叙说或话语脉络中，编织成一种系连着社会秩序的流程的个人性讲述。秩序叙事或秩序认同呈现着个人在生活世界所经验的事件与发生之事的论述形式，从而借由情节来达成个体的完整性（a personal unity by means of a plot）[1]。个人的秩序叙事或秩序认同伸延着个人在诠释生活世界的秩序构成中所握持的视向，特定的视向呈现着个人就生活世界的秩序构成所体验到的意义，或是对生活世界的秩序构成中的事件赋予特定的诠释意义的过程。在镶嵌着个人视向的秩序叙事或秩序认同活动中，个人对陌生的生活世界的秩序构成的"特定体验才能从其他的体验'脱颖而出'，成为界线明确的体验"[2]。秩序叙事或秩序认同渗透着个人的话语或叙说型式，贯穿着个人对生活世界的秩序构成中的事件予以内部性关联、整合的一种意义设置的历程。依据其所寓居的特定生活情境的实质性内涵，个人建构的秩序叙事或秩序认同将通达、隶属或迥异于特定的社会秩序的脉络。

177

个人的秩序叙事或秩序认同并非是中立的，而是可能形塑个人对陌生的生活世界的想象或是个人在生活世界的行动实践。在个人对陌生的生活世界的诠释与意义创造活

1　［英］Ivor F. Goodson, Scherto R. Gill: Narrative pedagogy: life history and learning, Peter Lang Publishing, Inc., 2011, p.22.

2　［奥］舒茨：《社会世界的意义构成》，游淙祺译，商务印书馆2012年版，第50页。

动中，个人的秩序叙事或秩序认同提供了一种主要框架，会对个人的行动选择产生现实性的影响。个人的秩序叙事或秩序认同会预先塑造甚或决定个人行动的走向，或是对个人体验生活世界的意义可能性有所筛选和塑造。经由个人在采取某种立场的活动中建立起来的秩序叙事或秩序认同，不只是为个人带来陌生的生活世界的秩序构成的意义，也为个人提供体验秩序的概念、故事或诠释秩序的特定架构，或是影响着个人对生活世界的行动构架、行动规则的判断和选择。能够为个人的行动取向定锚的秩序叙事或秩序认同是个人生活中的主流的秩序叙事或秩序认同；位于主流之外的，是替代性的秩序叙事或秩序认同。个人对陌生的生活世界的诠释或想象，则会在主流的秩序叙事或秩序认同与替代性的秩序叙事或秩序认同之间来回穿梭、调整。在年幼孩童的秩序叙事或秩序认同的起始之处，是个人与陌生的生活世界的秩序构成相互贴近、连结，或是有着个人的意识由自身跳跃出来、投向陌生的生活世界的秩序构成的一种投射。秩序叙事或秩序认同的起始，在指涉着年幼孩童意识到自身与陌生的生活世界或秩序构成具有连接的可能性之际，会对陌生的生活世界或秩序构成做出一种创造性、主动性架构行为。年幼孩童对陌生的生活世界的秩序叙事或秩序认同，或是陌生的生活世界的秩序构成的被知觉，并不单纯地意味着被放进知觉之中，在被知觉之中，陌生的生活世界的秩序构成是在个人的叙事或认同体验的脉络中被架构着的。

在关涉年幼孩童的叙事文本中，诸如《小蝌蚪找妈妈》[1]、*Are you my mother*[2]此类故事中的讲述，呈显出小蝌蚪所寓意的年幼孩童的"理性"实践的一种特定样态，或是小蝌蚪所寓意的年幼孩童以"实践理性"把握生活世界的开端性样态。相关涉故事的述说中，小蝌蚪所寓意的年幼孩童"找妈妈"的梗概，就是经由对遇见的数个他者不断问询，以确认其是否为"妈妈"，直至最终与真实的"妈妈"相逢。"找妈妈"的"行事性"话语或互动实践中，小蝌蚪所寓意的年幼孩童数次抛出"这个他者是妈妈"的可能性。故事可能展现的叙事取向中，在能够阐述"何为妈妈"的知识生产过程中，有待小蝌蚪所寓意的年幼孩童去找的"妈妈"将可能是一种知识论系谱中的"专有名

1　杨永青：《小蝌蚪找妈妈》，湖南少年儿童出版社2020年版。

2　P.D.Eastman：*Are You My Mother*，Random House 2011.

词", 一种能够指称着特定个体或对特定个体进行"命名"的符码。一直到"找妈妈"的行动结束之际, 小蝌蚪所寓意的年幼孩童仍然未能拥有理性认知"妈妈"的"客观性表述"的知识或真理。不过, 故事中的"找妈妈"的行动并非是一种理性构建"妈妈"的真理的知识性或哲学性的"沉思"活动, 或并非是"找"一种指涉着"专有名词"的"妈妈"的知识性或哲学性活动。"找妈妈"不是为着分析"妈妈"的语义, 而是小蝌蚪所寓意的年幼孩童与他者的彼此互动, 而互动会展现出生活世界的秩序构成形式的一种过程。"找妈妈"之"找", 旨在一种能够达成"妈妈"的意义指示的索引趋向, 形式地显示"妈妈是谁"的某些方向。在小蝌蚪所寓意的年幼孩童的意向性构架中, "妈妈"不是一种可以作普遍形式的先行限定的"客观的表述", 而是一种"机遇性的表述"。[1] "找"的过程中遇见"妈妈"的可能性, 则是小蝌蚪所寓意的年幼孩童能够用作指引去找寻适当回应的可能性。

"找妈妈"之"找"的行动, 不仅彰显出年幼孩童对生

---

1 〔德〕胡塞尔:《逻辑研究》, 倪梁康译, 商务印书馆2017年版, 第434页。

活世界的关念，一种对其自身与（陌生的）"妈妈"的相互连结的关念，也展现出年幼孩童与遇见的（陌生的）他者之间的互动系连，或是年幼孩童将（陌生的）他者置放到某种意义脉络或诠释基模的绽显进程之中。"找妈妈"之"找"，先行性地蕴涵着指向、召唤、汇集的"行事性"意涵，或是个人对可能分立的或遗散的符码、事物的收拢、组合或主动性的架构，借以组建或形塑个殊性的秩序叙事或秩序认同。"找妈妈"的过程，就是年幼孩童经由对陌生的生活世界中的"某些事件以特别的顺序、跨越时间线连结在一起，并且找到解释或理解的方式"，因而创造了自身的秩序叙事或秩序认同。个人的秩序叙事或秩序认同就像一条线，将事件编织起来，形成故事。这时常是一种未被专题化的"前反思"或"前理论性"的存在模态，内嵌着年幼孩童与生活世界的一种原初的、尚未客观化的秩序构成向度。经由对陌生的生活世界的关念，年幼孩童将自身置入一种已然的实况性质的情境中，或是对自身与生活世界的秩序关连及其意义有所领悟或体验。

起于对"妈妈是谁"或"……是谁"这一类实然之事的惊奇，年幼孩童不再疏离在生活世界的日常秩序之外，而是介入到生活世界的秩序构成之中。"找妈妈"是一种在"漫游"生活世界的过程中不断问询、判断"妈妈是谁"的"实践生活",一种基于特定行动构架或行动规则进行问询、判断的"实践生活"。"妈妈"呈现着生活世界的一种"行事性的"语意场,是一种与生活世界的秩序构成有着特定系连的符码,或即"妈妈"不是一种旨在通达和彰显生活世界的陌生性的符码,而是一种能够对现成的生活世界的秩序性质予以展现的符码。"找妈妈"则是基于一种生活世界的现成性的"找",或是一种能够彰显生活世界现成的行动构架或行动规则的"找妈妈",抑或是一种"遵循"生活世界的现成行动构架或行动规则的"找妈妈"。在此一现成的生活世界里,年幼孩童的秩序叙事或秩序认同的基源是经由权威或指引者("妈妈"是揭显着年幼孩童在生活世界的行动的权威、指引者的一种符码)与年幼孩童开显出来的指引性,一种可能使得陌生的生活世界的危险性或危害性隐匿不见的指引性。在年幼孩童误将他者作为"妈妈"的话语和行为不断受到否定或更改的过程中,年幼孩童不仅遵循着权威或指引者的"行事性"话语或叙说的指引,也不断构建着对现成的生活世界的秩序构成的"寻找"或认同，或是对生活世界里的权威或指引者的"行事性"话语或叙说中的判别、引领活动予以"定义"和接收的活动。

"找妈妈"的"实践生活"，是"找到妈妈"的实践，也是会"找到不是妈妈"的陌生他者的实践。"找妈妈"是对"不找妈妈"的否定。"不找"的因由，或是权威、指引者如"妈妈"未曾指令或不允准年幼孩童之"找"，或是年幼孩童在"妈妈"离开之前尚不能生出"找妈妈"的动机。对"找妈妈"还是"不找妈妈"的判断、选择，都发生在"妈妈"离开之后或暂未有指引者护佑之后，是年幼孩童做出的一种自主选择。"找妈妈"之"找"并非一种无意识的身体反射动作，而是蕴藏着年幼孩童这一主体的动机的意涵，想要做些什么，拥有目的"的意涵，或是意指着年幼孩童想要做些什么，及其所拥有的目的。"找妈妈"是一种主观上介入到生活世界的秩序构成中的有"意义"的行动。

秩序叙事或秩序认同的衍生

"找妈妈"是年幼孩童选择自主应对陌生的生活世界的一种行动。在起意"找妈妈"之前，年幼孩童的个体性是一种其"自身自为地即是一切实在"的个体性，或是一种径直作为指引性系谱的"直接的结果"的个体性，"它还没有将它的运动过程和实在呈现出来，它在这里是被直接地建立为简单的自在存在"，[1]"个体性的原始规定性亦即它的直接的本质，还没被设定为发生行动的东西"。[2]在选择"找妈妈"的行为着手之后，年幼孩童就是在将自身构建为"为个体性自身的一种存在物"[3]，"找"的行动能够将个体的潜在性开显成一种现实性。"找妈妈"的行动使得遮蔽在指引性中的年幼孩童变成被看见的个体，其间"所揭露出

184

---

1 ［德］黑格尔：《精神现象学》（上卷），贺麟、王玖兴译，上海人民出版社2013年版，第327页。

2 ［德］黑格尔：《精神现象学》（上卷），贺麟、王玖兴译，上海人民出版社2013年版，第328页。

3 ［德］黑格尔：《精神现象学》（上卷），贺麟、王玖兴译，上海人民出版社2013年版，第330页。

来和显示出来的内容，也不是别的，只是这个行动在其自身中潜在地本有的东西"[1]。"找妈妈"的年幼孩童，并非意在对现成的生活世界有所改变或反对，而是经由向着指引性之外的陌生中"找"的行动，对限制其成为个体或主体的条件或束缚有所摆脱。

"找妈妈"是一种要践履"起而行"的活动，一种"能使自己与所处环境之间发生积极关系的"微观政治生活。[2]"找妈妈"是根植在年幼孩童与"妈妈"或陌生他者"交互"行动之中的"找"，是使得年幼孩童的个体性行动伸展在生活世界的秩序构成中的"找"，或是年幼孩童及其遇上的他者的言行可以被听见、看见或其意义得到诠释，成为生活世界中具互动性的事件。"找妈妈"的言行不仅指涉着对"妈妈"之真与假的事实予以"陈述"的话语或叙说，也意味着一种旨在"行事"的话语或叙说，或是旨在做"找妈妈"一事的话语或叙说。陈述性话语或叙说是"意在

---

1 ［德］黑格尔：《精神现象学》（上卷），贺麟、王玖兴译，上海人民出版社2013年版，第326页。

2 ［美］哈罗德·D.拉斯韦尔：《政治学：谁得到什么？何时和如何得到？》，杨昌裕译，商务印书馆1992年版，第107页。

记录或传递关于事实的明确资讯"[1]，行事性话语或叙说则是旨在"说出一句话语即是做出一个行动"[2]，"说话就是行动本身"（it is to do it）[3]。"找妈妈"的言行展现出年幼孩童如何通过"找妈妈"来构建或参与、影响生活世界的特定秩序叙事或秩序认同的行动脉络。

年幼孩童的"找妈妈"，发生在一种能够予以信赖的特定秩序构成中，或是在一种没有表征着危险性或危害性的"大灰狼"的境遇中。"找妈妈"是一种辨认、判别"妈妈"与陌生他者之间异同的法律性/政治性实践活动。年幼孩童经由"找"的"实践"所经验到的"生活世界"，并不是一种综合于年幼孩童个人的理性构架中的产物，而是一个能够使其自身根植于秩序构成的"此在"的世界，"一个交互主体性的世界，是为每个人在此存在着的世界，是每个人

---

1 ［英］J.L. 奥斯汀：《如何以言行事》，顾曰国导读，外语教学与研究出版社2012年版，第2页。

2 ［英］J.L. 奥斯汀：《如何以言行事》，顾曰国导读，外语教学与研究出版社2012年版，第6页。

3 ［英］J.L. 奥斯汀：《如何以言行事》，顾曰国导读，外语教学与研究出版社2012年版，第6页。

都能理解其客观对象的世界"[1]。年幼孩童的"找妈妈",是与他者的"在场"紧相系连的"找",是一种置身于生活世界的不同主体之间的"共同性"的政治行动。"政治本身,政治做为其所遭遇的,永远都在任何人要为共同体建立根基时,就已经存在。"[2] "找妈妈"之"找"的行动,不仅是年幼孩童要"找"获一种共同体的意义,为其能置身的生活世界"共同体"建立意义的根基,也是年幼孩童呈现为一种正在"敢于行动"或"能够行动"的潜在主体,或是推动着年幼孩童成为一种能够进入生活世界的秩序叙事或秩序认同中的主体。"因为,单独的个别的人,从其本义来说,只在他是体现着'一切'个别性的普遍的众多时才是真实的;离开这个众多,则孤独的自我事实上是一个非现实的无力量的自我。"[3] "找妈妈"的行动,彰显出年幼孩童的主动性,或是展现于个人主动性中的主体性,

187

---

1 [德]胡塞尔:《生活世界现象学》,倪梁康、张廷国译,上海译文出版社2016年版,第156页。

2 [法]洪席耶:《歧义:政治与哲学》,刘纪蕙等译,(台湾)麦田出版2011年版,第43页。

3 [德]黑格尔:《精神现象学》(下卷),贺麟、王玖兴译,上海人民出版社2013年版,第40页。

"找"是一种对停驻在生活世界的秩序构成之外的"自我"的否定。

"找妈妈"之前，年幼孩童似乎有过与"妈妈"共同生活的经验或记忆，知悉有"妈妈"的存在。正是贯穿于经验或记忆之中的"历史性"根基，牵引着年幼孩童对"妈妈"之"找"。生活世界的"历史性"敞开亦规限着"找妈妈"的行动轨迹。"找妈妈"既是去"找"与历史性意象中的"妈妈"相关涉的"妈妈"，也是去"找"经由"妈妈"的意象所陈述出来的指引性，或是去"找"经由指引性展现出来的一种生活秩序。去"找妈妈"，并非是起事于"妈妈"对年幼孩童的遗弃或断裂，而是缘于年幼孩童对权威或指引者如"妈妈"所陈述的指引性的持续信靠或不能中断、离弃。年幼孩童与"妈妈"意象的暂时分隔，激发起年幼孩童进入陌生的生活世界的秩序构成中的主动性架构行为。为着"找"到"妈妈"，年幼孩童得去到陌生的生活世界，初始性地实践"自由的行动"。

"找妈妈"的先行条件是能够"观看"到逗留在生活世界的特定对象。"找妈妈"的过程中，年幼孩童因循着自身对生活世界的秩序构成的历史性经验，能够基于生活世界所设定的意象整体来把握意象整体，没有将误认的数位"妈妈"的特定意象整体割裂开来。在年幼孩童的观看视域中，"任何一个空间对象都必定是在一个角度上、在一个角度的映射中显现出来，这种角度或这种在其中每个空间对象都必然显现出来的透视性映射，始终只是单方面地使该对象得以显现"[1]。无论年幼孩童的观看旨意是要如何"完整地感知一个事物，它永远也不会在感知中全面地展现出它所拥有的、以及感官事物性地构成它自身的那些特征"[2]。年幼孩童在陌生的生活世界所感知到的对象，"每一个透视、每一个被个别映射持续进行的连续性都只提供了各个面"[3]。

年幼孩童对特定意象的每一个"感知"，将奠基于特定意象整体的"座架"。每一个"感知"是依寓于"整体性"中的"感知"，是消散或融贯在"整体性"的"操劳"中的

1　［德］胡塞尔：《生活世界现象学》，倪梁康、张廷国译，上海译文出版社2016年版，第46页。

2　［德］胡塞尔：《生活世界现象学》，倪梁康、张廷国译，上海译文出版社2016年版，第46页。

3　［德］胡塞尔：《生活世界现象学》，倪梁康、张廷国译，上海译文出版社2016年版，第46页。

"在之中",[1]一种依寓或根基于"座架"而存在的"在之中"。"每一个感知的本身意义中都包含着感知对象的意义,即被感知的对象、这个事物……但这个事物并不是现在本真被看到的这个面,而是(根据感知的本身意义)这整个事物,这整个事物还具有其他的面,这些面不是在这个感知中,而是在其他感知中被感知到。"[2]意向行动的感知中会有一种"奇特的分裂:原本意识在这里只能以一种'混合的'形式出现,即:对某些面的本真而实际的原本意识到,对另一些非原本此在的面的共同意识到。……共同意识到,这是因为未被看到的那些面对于意识来说确实是以某种方式存在于此的,'共同被意指'是共同当下的。但它们实际上并没有显现出来"。[3]

在年幼孩童的意向行动的路径上,观看特定对象的"整体性"的"座架"将指引着观看特定对象的每一个"感

190

1　[德]海德格尔:《存在与时间》,陈嘉映、王庆节译,生活·读书·新知三联书店2014年版,第64页。

2　[德]胡塞尔:《生活世界现象学》,倪梁康、张廷国译,上海译文出版社2016年版,第47页。

3　[德]胡塞尔:《生活世界现象学》,倪梁康、张廷国译,上海译文出版社2016年版,第47页。

知", "感知是一种真实的展示 (它使被展示之物在原本展示的基础上直观化) 与空乏的指示 (它指明可能的新感知) 之间的混合。从意向相关项方面看，被感知之物是这样一种以映射方式显现的被给予之物，以致各个被给予的面指明了其他未被给予的东西，这些未被给予的东西被当作是同一个对象的未被给予的面"[1]。"感知"中内蕴着一种生发，"每一个感知，或者从意向相关项方面说，对象的每一个个别角度自身都指向一种连续性，即可能的新感知的多种连续，恰恰是在这种连续中，这同一个对象将不断地展现出新的面。在其显现的方式中，被感知之物本身在感知的每一个瞬间都是一个指明的系统，它具有一个显现的核心，它是这些指明的立足点"[2]，这些指明彰显出被观看对象有待持续充实的一种空乏，一种召唤着行动者"不断地向尚未被给予的现象迈进的指明趋向"[3]。观看不断汇聚起

191

---

1 〔德〕胡塞尔：《生活世界现象学》，倪梁康、张廷国译，上海译文出版社2016年版，第48页。

2 〔德〕胡塞尔：《生活世界现象学》，倪梁康、张廷国译，上海译文出版社2016年版，第48页。

3 〔德〕胡塞尔：《生活世界现象学》，倪梁康、张廷国译，上海译文出版社2016年版，第49页。

繁复的"感知"，将特定对象的"感知"收束到特定对象的
"整体性"之中，或是标识着特定对象的"整体性"的符码
之中。

　　"找妈妈"的年幼孩童，或许能将特定对象"观看"为
一种"特定整体"的对象，使得"妈妈"的特定符码能够
相符于"特定"的真实"妈妈"的意象。不过，"找妈妈"
之际的"观看"，并非是在纯粹理性的视域中将特定对象
"观看"为一种"特定整体"的对象，而是在与他者的"对
话"实践中将特定对象认同为一种"特定整体"的对象，
或是一种个人正在存在或走出去的样态，一种在生活世界
里彰显自身的样态。年幼孩童的"找妈妈"之"找"，是一
种透过"言谈"或"话语"达成的"找"，一种年幼孩童之
"我"实践着与他者持续相"对话"的行动系连过程，一种
是否认同或接受特定对象为"妈妈"的行动过程。"对话"
生产出一种对年幼孩童的指引，不仅绽显出年幼孩童个人
在生活世界的存在的可能性，也规范或影响着年幼孩童个
人对"妈妈是谁"的叙事脉络的建构。"对话"过程中的数
次误认"妈妈"，不仅意谓着"妈妈"的符码与"妈妈"的
真实意象不能相应合，亦是申述着"妈妈"的符码并非先

验地内在于年幼孩童自身的意向结构，而是一种扎根于经验性基源的社会建构，一种肇兴于年幼孩童的源初性秩序经验中的社会建构。"找妈妈"不是去"找"一种先验性的绝对实在，而是要进入一种能够赋予"妈妈"的符码以实作意义的操作机制。"找妈妈"之"找"的过程内生着旨在定义与理解"妈妈"的符码意义的赋予机制。在生活世界的日常性秩序构成之中，经由肇兴于权威或指引者如"妈妈"的持续提醒、规引，"妈妈是谁"或"……是谁"之类话语或叙说所负载的意涵，及其与特定对象之间的勾连路径，将不断流注到年幼孩童个人的视域之中。

作为社会用法的秩序叙事或秩序认同

年幼孩童对特定符码的把握，未必是旨在把握纯粹的意象"自身"的物质性意象或"自然"事实，却是要把握"添加到纯粹物质上去的社会用法"[1]，一种束缚或设定着如何"找妈妈"的行动的"社会用法"，有如特定符码与危

---

[1]　［法］罗兰·巴特：《神话修辞术》，屠友祥译，上海人民出版社2016年版，第140页。

险性或危害性、幸福生活的如何系连，或是特定符码所可
能表达、象征的危险性或危害性、幸福生活。特定符码中
的"物质性"意象或"自然事实"并不直接针对年幼孩童
"找妈妈"的行动，而是借由某种规范着生活世界的"社会
性"意象或"社会事实"与年幼孩童的行动间接地相系连，
将"找妈妈"的行动限定在一种具有"自然事实"的可能
性的生活情境中。"物质性"意象或"自然事实"也许可视
之为一种与特定符码里的"社会用法"相关涉的"后设性"
规范。贯彻在年幼孩童的"找妈妈"之"找"中的"社会
用法"，不会具有一种自然科学的逻辑构造，"社会用法"
中的事实并不是一种带有自然科学的理论观的事实，或不
是一种经由自然科学的理论框架来诠释的事实。"社会用
法"通达着生活世界所建构出来的意义或"社会事实"，描
绘出秩序构成中的意义脉络或诠释基模的某种普遍的可传
达性，一种基于行动构架或行动规则来展现个人主体性的
意义的普遍可传达性。

特定符码里的"社会用法"奠基于生活世界的秩序构
成中，直接规范或限定着个人的行动，亦为个人的行动生
成着"社会性"的意义。在关涉着年幼孩童的叙事话语或

叙说中，例如"大灰狼""大恶狼"的符码里的一种"社会用法"，就时常是象征着生活世界的危险性或危害性的语意，"陌生人"则表达着他者的可能性，一种不确定的危险性或危害性。生活世界中的特定符码，并非只是对一种纯粹的意象"自身"的表达，而是会言述着一种无法自外于生活世界的秩序构成的社会性构建。年幼孩童"找妈妈"的行动，不仅牵涉"妈妈"的符码，也牵涉"陌生人"的符码。在径自开始"找妈妈"之初的年幼孩童，也许是尚未得到"妈妈"关乎"不要与陌生人说话"或"当心陌生人"的指引，也许是已然疏忽或遗漏"妈妈"关乎"不要与陌生人说话"或"当心陌生人"的指引，才会与偶然遇上的数位陌生他者直接沟通，将"陌生"的他者误认作"妈妈"。年幼孩童执意去"找妈妈"的"自由的行动"，既是起始于对言述着"妈妈"的符码及其意涵的未能明辨，也是导源于对"陌生他者"的符码及其意涵的不能辨识或未能谨慎对待。

在生活世界的秩序构成里不断生发意涵的繁复符码中，此一符码与彼一符码的相对应指涉，或特定符码的整体与部分之间的分划，是借由社会互动过程中的文化资源的诠释来确立的（in the course of social interaction）[1]。生活世界不仅衍生着使特定符码所指涉的客观知识成为可能的社会条件（the social conditions）[2]，也诠释着特定符码在秩序构成中的意涵。系连在秩序构成中的符码所拥有或指向的"知识的社会学本性以及所有的各种思维形式、直观形式、认识形式的社会学本性，都是不容置疑的"[3]。年幼孩童对特定符码的把握，是对不断阐释特定符码所可能拥有意涵的行动流程的参与。不论特定符码是正在误认的"妈妈"，还是将要"找"到的"妈妈"、陌生的他者，都不是从一种缄口不语的存在中产生意义的特定对象，而是一种有着生活世界的秩序构成路径可循的言谈或行为中的建构。符码标识和诠释着生活世界正在生产和传播的意义脉络，架构起年幼孩童与权威、指引者或陌生的他者之间的沟通，或刻画着年幼孩童经验、把握陌生的生活世界的视域及其内涵。

196

1　［英］Michael Mulkay: Science and the sociology of knowledge，Routledge，2015，p.95.

2　［英］Michael Mulkay: Science and the sociology of knowledge，Routledge，2015，p.21.

3　［德］马克斯·舍勒:《知识社会学问题》，艾彦译，华夏出版社1999年版，第66页。

通过对符码进行把握的"自由的行动"实践，年幼孩童将能渐次营造出自身对陌生的生活世界的秩序叙事或秩序认同，甚或是对陌生与秩序构成及其中的危险性或危害性如何相牵连的想象，借以从对陌生的生活世界的无有判断、选择的"迷思"中走出来。辨识"妈妈"的符码或是"找妈妈"的"自由"行动，揭显着年幼孩童开端性地实践着自身的个体性或主体性，或是使得自身不再只是"被"指引者与陌生他者观照或关切的对象，而是展露一种能成为对生活世界有所观照或关切的主体的可能性。经由不断筹划和编织起自身对符码及其意涵的会通和阐释，年幼孩童就可能在朝向陌生的生活世界的流程中为自身勾描出一种行动者的"自画像"。

在年幼孩童个人对符码意涵的经验、把握中，有着年幼孩童当下能够上手的意识对象和尚且不能上手的意识对象。如绘本《七只瞎老鼠》[1]的故事讲述中，就将个人体验符码的过程中具有尚且不能上手的意识对象的主题钩织、凸显出来。在七只瞎老鼠竞相观看大象的叙事图景中，"老

1　[美]杨志成：《七只瞎老鼠》，王林译，河北教育出版社2008年版。

鼠"对"大象"的观看寓意着行动者对生活世界整体或生活世界的某个部分的观看；而有"瞎"的老鼠与没有"瞎"的老鼠相对位或互为托衬，以隐喻之姿表达着体验陌生的生活世界的行动者个人意识的指向性的个殊性。没有"瞎"的个人意识的指向性通达着一种具有整全性的视域，或是当下能够将生活世界上手的视域。没有"瞎"的视域呈现出年幼孩童个人对陌生的生活世界的陌生性予以抹除、阻隔或塑造的可能性。"瞎"的视域则彰显着行动者体验陌生的生活世界的陌生性或个人视域中的个殊性、局限性。能够呈现在有所"瞎"的视域中的生活世界的整体或某个部分，是对生活世界的整体或某个部分所具意涵的"一种真实的展示（它使被展示之物在原本展示的基础上直观化）与空泛的指示（它指明可能的新感知）之间的混合"[1]。在对陌生的生活世界有所体验的年幼孩童视域中，存在于个人当下能够上手的意识对象之外的"境域"或是为个人尚且不能上手的意识对象，对个人在当下能够上手的意识对象的性质或意义，是具备了决定性的影响力的。意识对象

1　［德］胡塞尔：《生活世界现象学》，倪梁康、张廷国译，上海译文出版社2016年版，第48页。

的性质或意义，除了一部分决定于对象所呈现出来的意象可能性之外，也受限于对象存身其中的"社会用法"或周遭生活情境、历史脉络等等。

年幼孩童的视域的存在，先行性地构成着个人体验陌生的生活世界的意向性活动的个殊性前提，也就是个人话语或叙说的个殊性实践，都会被安置在某种意义的网络中或伸延在能够呈现特定意义脉络的视域之中。对陌生的生活世界的整体或某个部分的体验有着视域个殊性的年幼孩童，在其命名、界定"为何陌生"的意义之际，就彰显着个人的特定秩序叙事或秩序认同的当下萌兴或形塑。或在个人意识的"指向性关系"中体验到的生活世界的整体或某个部分的事实之中，展现着一种能够相符于生活世界的秩序构成逻辑的"社会用法"，或一种使得年幼孩童连结生活世界的秩序构成的"社会用法"。视域的个殊性既是显现着陌生的生活世界能够在"指向性关系"中被个人标示出来或被意识到的可能性，也是意谓着个人对陌生的生活世界的体验存在着某种尚未"被架构"的意识对象的可能性。有着视域的个殊性的年幼孩童的视域，是一个尚待新的或遗漏的意识对象不断涌现的视域。年幼孩童个人对陌生的

生活世界的体验，是将其转化为意识之所识、所知、所对
的世界，一种使得个人渗透或置身在生活世界的"社会用
法"中的秩序叙事或秩序认同。

第二节

扎根于信赖之中

信赖的先行性

在年幼孩童对陌生的生活世界的经验、把握的进程中，秩序叙事或秩序认同是个人为生活世界的秩序构成赋予一种个殊性的叙述断限、脉络及意义的实践，或是以有意义的方式呈现着秩序构成中的符码。个人的秩序叙事或秩序认同并非只是与社会秩序的叙事或认同有所连结而已，更重要的是，透过两者之间的连结，秩序叙事或秩序认同影响了一个人如何诠释其自身或他者的行动的意义。秩序叙事或秩序认同为个人的行动设定或"提供了顺序、架构和方向，以更丰富与更整合的方式发展其意义"；秩序叙事或秩序认同也允许个体改编、修饰和变换其本身的故事，亦由此引起个体的生命经验的转化（lived experiences can be transformed）。[1]一个人对自我或他者的行动的感受将深植于个人的秩序叙事或秩序认同的建构之中。社会秩序叙事或秩序认同的建构，不仅表达着个人将生活世界的特定符码编排进一个具有内在关联的秩序构成的诠释可能性，亦彰显着个人建构秩序"现实"的主体性，或是通达着主体性的蕴义即具有指涉行为维持之功能的主体性，或主体也就是能够为其做出的行动担负责任的人。相连着秩序叙事或秩序认同的主体性中的"行为维持"或"担负责任的人"的意义指涉，就涵蕴着个人对生活世界的秩序构成的信赖，或是个人对其主观上认为具有意义和一致性的生活世界的信赖。在个人的"行为维持"或"负责任"中得到信赖的生活世界，是人们在主观上的具意义行为中一种"理所当然的现实。此现实根植于人们的思想与行动，并依赖二者来保持真实性"的生生不息的世界。[2]

---

1 ［英］Ivor F. Goodson, Scherto R. Gill: Narrative pedagogy: life history and learning, Peter Lang Publishing, Inc., 2011, p.6.

2 ［美］彼得·L.伯格，托马斯·卢克曼：《现实的社会建构：知识社会学论纲》，吴肃然译，北京大学出版社2019年版，第28页。

对个人缘于自身在生活世界的生活经验而涌现的信赖，关涉着个人的秩序叙事或秩序认同能否诠释或体验生活世界的秩序构成，或信赖为个人持有的秩序叙事或秩序认同奠基。渗透在生活世界的日常性中的一种"以言行事"，就表达着年幼孩童对权威或指引者的秩序叙事或秩序认同加以信赖的可能性，如年幼孩童对权威或指引者有所说明的行动指引、行动规则或构架，时常会在"真的吗""不会吧""可以吗""不行吧""不相信""也许吧""就这样吧""就算吧""也好"之类的回答中，藏匿着自身的质疑或行将择取的信赖意向。信赖在生活世界的生发或贯彻，意指着个人持续地为生活世界的秩序构成赋予有着个殊性取径的意义。信赖是一种能够给予意义的意识体验，或意谓着一种自由的主体性在社会秩序构成中的现身。未能以自由的个人主体性为之奠基的信赖则是一种具有瑕疵或过错的不完全信赖，不能给秩序叙事或秩序认同进程中的解释、意义创造提供具贯通性的脉络。在个人信赖特定的社会秩序构成的行动选择中，"作为一个被自由地做出了的或被自由地同意了的决定的结果，作为容受性之被逆转为主动计划的结果"，信赖"总是会回指到……一个有意向的思想，一个担当，一个向某一现在敞开的主体，一个再现，一个逻各斯"，[1]或是一个能够做出自发性的自由判断和选择的行动主体。通达着信赖的生发的是内在于个人的秩序叙事或秩序认同的主体性，一种能够将个人的自由判断和选择予以保持在"过去和未来（所构成）的视域之中"的主体性。[2]

在年幼孩童的生活经验和行动构架的指涉中，信赖植根于个人的本真能在或操心的存有状态。缘于操心，"人能够关切世界和关怀别人"[3]，操心意指着"人总是理解它的世界（事实性），往前（存在性）到达世界中之物去（沉沦性），所以，此有自始即与世界中之物相关"[4]。操心总是操劳（此有与用具打交道的操劳）与操持（此有与他人共

1　[法]列维纳斯：《另外于是，或在超过是其所是之处》，伍晓明译，北京大学出版社2019年版，第324—325页。

2　[法]列维纳斯：《另外于是，或在超过是其所是之处》，伍晓明译，北京大学出版社2019年版，第325页。

3　陈荣华：《海德格尔〈存有与时间〉阐释》，崇文书局2023年版，第160页。

4　陈荣华：《海德格尔〈存有与时间〉阐释》，崇文书局2023年版，第161页。

在的操持），经由操心对此在的整体存在的存在论规定，信赖是个人向着有待操劳或操持的秩序构成的可能性做出筹划，或使得个人的行动具有某种连贯性的意义脉络。生活世界的秩序构成的可能性，始终相连着个人的秩序叙事或秩序认同的可能性。信赖生活世界的特定个人意向或为个人的秩序叙事或秩序认同"所限的意识——如果它不在它被抛入其中的系列干扰之中消失的话——是在处境之中的，那被强加给这一意识者乃是已经被衡量者，并形成一个条件和一个处所"[1]。置身于生活世界的特定处境之中的个人或留驻在"处境之中的意识，以及所有那些取自于其选择者，就形成一个局面，其中的各项是同时性的或可被同时化的，是被记忆和预见组合到一个过去和未来（所构成）的视域之中的"[2]。根源于主体性的信赖关涉着个人的自由判断和选择的意向，或是贯穿在秩序叙事或秩序认同的视域中的生活经验。信赖的在场，借由赋予生活世界的特定

1　［法］列维纳斯：《另外于是，或在超过是其所是之处》，伍晓明译，北京大学出版社2019年版，第325页。

2　［法］列维纳斯：《另外于是，或在超过是其所是之处》，伍晓明译，北京大学出版社2019年版，第325页。

秩序构成一种"注意力的专注",以衍生某种有意义的秩序叙事或秩序认同。而在个人主体性的生发的原初,或是诠释着个人信赖的秩序叙事或秩序认同的现身之初,系连到个人信赖的诸多特定话语或行动之间却可能是褶皱的甚或断裂的,尚未"被记忆和预见组合到一个过去和未来(所构成)的视域之中"。正如在表征着年幼孩童的"小红帽"[1]经验、把握秩序叙事或秩序认同的起始,通达着的秩序叙事或秩序认同以及信赖的概念或概念架构,就是一种尚待经验的可能之物,表述着信赖的可能性的话语与行动亦未成为"过去和未来(所构成)的视域之中"的一种连贯之事。

信赖的遮蔽与回返的可能性

在《小红帽》的一种绘本故事讲述中,借由对处于去往外婆家路上的"小红帽"遗忘与记取其妈妈的行动指引的描画,不仅揭显着年幼孩童对行动构架、行动规则的个

---

1 [德]格林兄弟:《小红帽》,李海颖译,未来出版社2015年版。

体性践行的如何可能，亦表达着年幼孩童的秩序叙事或秩序认同如何践行自身对生活世界的信赖。年幼孩童对生活世界的信赖，肇始于对权威或指引者所摆渡的行动规则或构架的遵循，一种可能是尚未有着主体性奠基的遵循，或是缘于有限制的主体性的遵循。年幼孩童时常在遵循某种行动规则或构架的事实性之中，或受限制于遵循某种行动规则或构架的事实性。遵循行动规则或构架的事实性，意谓着年幼孩童的此有是早已在世界中的存有，或年幼孩童的"此有的存有总是开显世界。它有世界性的结构，借着世界性的给出意义性，可以在它的存在中，为世界和世界中之物给出意义、开放它和理解它"[1]。对行动规则或构架的遵循，表述着年幼孩童的意向不是一种摆在手前之物，而是往前存在，"开显"或信赖着生活世界的秩序构成的意义或个殊性的秩序叙事或秩序认同。

《小红帽》的故事讲述中，贯穿着一种"小红帽"对自身信赖的表明、遗忘或偏离、回忆起来或复返的叙事历程。故事的起始之处，对于即将与妈妈暂时脱离开来、自由依

1　陈荣华：《海德格尔〈存有与时间〉阐释》，崇文书局2023年版，第158页。

凭其有限制的主体性进入森林的"小红帽",并非对生活世界的秩序构成无所理解。在做出此一行动的决断之前,"小红帽"总是会或深或浅地嵌进特定的生活场域,一种将要建构或影响其秩序叙事或秩序认同的意向脉络的生活场域。正如经由其家庭整体或其爸爸、妈妈、外婆及其所置身的村落衍生出来的某种生活情境,"小红帽"将不断扣连着生活世界涌现的繁复观念、针对生活世界的未来可能性的合理期待,或其个人对生活世界的特定情境的判断或选择以及如何遵循某种行动规则或构架之类的秩序体验。此一能够构成"小红帽"进入森林之前的已有经验脉络或经验基模,是她在森林的生活情境中将要获取的新体验的诠释基模,使其能够选择某种对生活世界的陌生之中的危险性或危害性有所估量和归位的行动路径。个人的经验基模或诠释基模在诠释其体验的过程中具有特定的功能,"会以'知道某事物'或'已知道某事物'的形式出现",是"经由范畴秩序化而来的材料所构成的",当一项新的体验可能出现之际,个人就根据其诠释基模加以指涉或理解。[1]例如"小

1　[奥]舒茨:《社会世界的意义构成》,游淙祺译,商务印书馆2012年版,第110页。

红帽"懂得去外婆家的路要怎么走，森林里的鲜花让人心情舒畅，也知道什么样的行为才是对外婆有礼貌的正确的行为等等。个人的经验基模或诠释基模关涉着"每个当下境况的意义脉络或更高阶意义脉络的总括整体"[1]，不仅能对个人就生活世界的陌生性择取的特定行动路径赋予意义，也在过去体验的储存与未来新体验的对照中揭显着个人不断整合出新的、更高阶的意义脉络的可能性。

在"小红帽"妈妈的观看和审度中，"小红帽"所拥有的现成生活世界也许主要展现为一种有着家人护佑的、能达成幸福和安全的"家"的生活场域，而将要进入的森林里的生活场域是"小红帽"所寓居的"家"的事实性暂时退隐的生活世界，是时时可能涌现危险性或危害性的陌生场域。如若以"家"为基源的、根源于在"家"存有的秩序构成的一种目的是意欲使得"小红帽"的"心智得到健康、精纯的滋养"，其间充满着"温和柔美的情感"；森林里的生活场域中的陌生之人、陌生之事就可能是既令人惊恐又使人觉得可怖的事物，一种离不开流血和暴力的阴影，

1　〔奥〕舒茨：《社会世界的意义构成》，游淙祺译，商务印书馆2012年版，第101页。

或沉陷在虚假、致命威胁之中的事物，一种根源于不正当性意欲的自然性或社会性秩序构成。能够表征森林里的生活场域的危险性或危害性的一种"活"的符码，即是大灰狼。在森林里的生活场域中，树木、花草或道路将表现出自然性变换或更替的轨迹，而不会有意识地装饰其表层的情状，更不会对"小红帽"释放出某种运用外部性符码掩盖内在性欲求的诱骗性行为或言辞。与此不同，大灰狼能够刻意装扮自身的表层特征，或是隐藏自身的深层意欲，在"小红帽"的视域中混淆"真实"和"虚假"、"善意"和"恶意"，制造出"小红帽"愿意参与、积极投入或服从、遵循的某种生活情境，借以将"小红帽"牵引进某种陷阱之中。

遇上"小红帽"的大灰狼，早已理解能够娴熟诱惑或操控"小红帽"的意向的行动方式。大灰狼对"小红帽"施行的诱骗行为和话语中，在着意遮蔽森林中的生活世界的陌生性之际，也为"小红帽"提供一种其可能接纳的行动指引、行动规则或行动框架，或给"小红帽"的行动带来一种渗透着歧义或误解的"人人"可能共存的生活场域。大灰狼对"小红帽"进行诱骗的关键，是要给"小红帽"

描述一种值得期待且有可能成就的愿景叙事，使其既耽溺于对日常性的"美好事物"的操劳之中，也局限在对他人的操持之中，借以使之偏离对自身的不确定的危险性或危害性的操心。大灰狼告诉"小红帽"，如果正准备去见外婆的她能够多摘一些森林里的鲜花，送给外婆，就可以让病中的外婆高兴得多。"小红帽"采摘美丽的鲜花，就意味着鲜花已经成为"小红帽"的手前性之物，"小红帽"已然寓于一种与上手事物的事实性结构之中。操劳使得"小红帽"能够"以各种不同的方式去关切世界中之物"，或是让其"理解世界，且往前到达世界中之物去，与它们遭逢"。[1]"小红帽"关怀外婆、希望病中的外婆可以高兴一些，则意谓着其自身已然趋向或交付到一种"与他人的在世内照面的共同此在共在"的操持之中。[2]正是在这一"沉沦"到"意欲……"的存在中，"小红帽"就开始偏离对自身的本真存有的操心或召唤，遗忘或不再去领会自身可能遇到的危险性或危害性。"小红帽"从个人的本真的存有状态转到

1　陈荣华：《海德格尔〈存有与时间〉阐释》，崇文书局2023年版，第46页。

2　[德]海德格尔：《存在与时间》，陈嘉映、王庆节译，生活·读书·新知三联书店2014年版，第223页。

非本真的存有者状态，亦即陌生的生活世界中的危险性或危害性被遮掩起来，"小红帽"掉落到以误解为理解的"常人"的"沉沦"中。

沿循着大灰狼的诱骗行为或话语所设定的观察路径，"小红帽"的意向结构被抛投到一种难以甚或根本不能关念自身的"可能性存有"的"沉沦"境遇之内。这是大灰狼给"小红帽"布置下的一种特定境遇中的"常人"式的"沉沦"，一种能够将"小红帽"的本真性存有予以暂时锁闭的"沉沦"。"沉沦"意味着"小红帽"以大灰狼"说的语言去理解事物，它不是让事物显示自己，且正如事物从自己显示自己般地去看它、理解它和描述它"[1]，大灰狼所说的，就替代了事物本身。"沉沦"导致"小红帽"意向中的某种特定的知识性或观念性"虚空"，或是在应对陌生之人、陌生之事的危险性或危害性之时的知识性或观念性不能。也许在"家"的秩序情境中，"小红帽"能够正视自身的存在，拣选到能够化简、敉平陌生之人、陌生之事的危险性或危害性的合理的行动策略和技术。如其能信赖、理

212

---

[1] 陈荣华：《海德格尔〈存有与时间〉阐释》，崇文书局2023年版，第144页。

解妈妈所给出的指令或妈妈所教导的微观行为规则，对周遭的陌生性做出谨慎的判断和应对。不过，在遇上大灰狼的初始之际，"小红帽"就似乎已然忘记妈妈曾经言说过的指令或微观行为规则。"小红帽"既未能够慎重地秉持对森林中的陌生者即大灰狼的警惕，或未能抗拒大灰狼的诱惑或支配，也尚未能够觉察自身将可能掉落到大灰狼制造的"沉沦"之中，仍然凭靠着一种似乎浮现"在自身的存有中"的理解来回应大灰狼的诱惑行为。

　　置身在森林里的特定生活场域中、遇上大灰狼之时的"小红帽"，不仅望不到妈妈、爸爸或自己家里的房屋，甚或看不到自己家所在村落的踪迹，也看不见外婆或外婆家的房屋或外婆家所在的村落。"家"或以"家"为象征的现成性生活世界暂时远遁而去，森林里的陌生的生活世界则意指着小红帽的现成性生活世界的"腾空之地"或"悬隔之地""替代之地"。森林里的陌生的生活世界递呈出一种中断或遮蔽，一种把指引或提醒着"小红帽"的本真性存有的外部景观或符码予以带离的中断或遮蔽。正在彰显着"小红帽"的"家"或"家"所在村落的暂时退隐的"森林中的生活世界"，是"小红帽"的"家"或"家"所在村落的陌生者或异己者。森林的"在场"将或深或浅地隔离或覆盖、替代"小红帽"的"家"或"家"所在村落的"在场"，是其现成性生活世界的暂且"离场"，或是有待其现成性生活世界的回返或再度澄明的"空地"。森林里的陌生的生活世界可能对"小红帽"的本真性衍生的遮蔽，不仅涉及任何可能提醒"小红帽"关注到其之前的现成性生活世界的符码，或是能够对"小红帽"的行动策略和技艺具有规范或建构之力的符码，也伸延到对"小红帽"的经验脉络或诠释基模的本真性的遮蔽。

陌生的生活世界对个人信赖某种现成的生活情境的遮蔽，不仅意指着缘于主体性的信赖在个人意向构织的经验脉络中的重要，也意谓着信赖的概念或概念架构在秩序构成中的重要，或是信赖所通达的行动指引、行动规则或构架在生活世界的秩序构成中的重要。与根源于现成的生活世界的秩序经验相较，森林景观或森林里的生活世界会构成"小红帽"的行动策略选择的一种羁绊，限制着"小红帽"能够体验的秩序构成，或框定着"小红帽"能够选取的行动路径的可能性。森林景观或森林里的生活世界的陌生性，既不能给"小红帽"提供一种如何辨识陌生之人、

214

陌生之事的特定判断和选择，也难以甚或根本不能给"小红帽"直接提供某种符码，使其能够连贯地挂念着妈妈讲述过的指令或微观行动规则、行动框架。若要有对妈妈耳提面命过的指令或微观行动规则、行动框架的践行，就得依靠"小红帽"自身所秉持的内在重述之力或记忆，在自身的行动选择中返回到其妈妈讲述过的指令或微观行动规则、行动框架。为"小红帽"对其妈妈的信赖扎下根基的，就是个人经验脉络或诠释基模中的重述之力或记忆。

森林里的陌生的生活世界对"小红帽"的本真存有的遮蔽，是能将"小红帽"正在践行的行动指引、行动规则或构架所具约束力予以削减、剪除的遮蔽，或是可以对"小红帽"的本真秩序叙事或秩序认同做出清理、阻断的遮蔽。一旦深入森林里的陌生的生活世界，"小红帽"就被暂时抛离在以"家"为基源的行动指引、行动规则或构架的现有秩序经验之外，远离甚或遗忘根源于"家"的秩序经验能够对其据有的行动指引。森林里的景观或森林中的生活世界的陌生性，就是在对"小红帽"的记忆的当下遮蔽之中，能够使其偏离一种已拥有的行动的事实性，或是偏离一直护佑着自身的、以"家"为基源的行动指引、行动规则或行动框架。遮蔽或许亦会是一种开启。森林的意象或森林里的陌生的生活世界对"小红帽"的现成的生活世界的遮蔽，在意谓着对"小红帽"与妈妈寓居的"家"的事实性的遮蔽之际，亦会使得"小红帽"个人的记忆从陌生的生活世界彰显或脱离出来，导致与个人记忆相关涉的秩序叙事或秩序认同的体验从其周遭生活境遇的陌生性中显形，或是使"小红帽"如何信赖陌生的生活世界的问题浮现出来。陌生的生活世界的陌生性跟生活世界的"将要前来"相关，陌生将个人丢掷在一种尚未生起意义却正要生起意义的原初处境中，是一种与个人的在世存有的现在有所疏离的可能性。在陌生的生活世界中，个人似乎没有能够依凭的行动指引、行动规则或构架，或个人必须对自身的本真可能性有所承担。

由自身承担自身的可能性，回到自身的可能性去，或回到自身有所依凭的行动指引、行动规则或构架的可能性去，就呼唤或开显出个人的记忆的可能性。记忆使得个人从生活世界的陌生性中超拔出来，个人化而成为自身，理解自身本真的存有。与陌生的周遭世界相对照的个人化，展示着当下的个人"理解它的存有是自己的，它是在世界中的存有，也是可以抉择成为自己，或放弃成为自己的存有"[1]。个人化并不表示个人在事实上与陌生的生活世界的完全脱离，个人化只是意味着个人回到其归位自身的社会秩序体验的脉络中去，回到个人有所倚靠的行动指引、行动规则或构架的可能性去。在森林中的陌生的生活世界，透过某种围绕着"家"或具有参照性的外部景观或符码的现身，或是个人记忆对自身的本真存有的呼唤，贯彻着行动指引、行动规则或构架的叙事脉络的现成性生活世界就可能再度澄明或树立、回返，一直指引着"小红帽"的、以"家"为基源的行动指引、行动规则或行动框架，则持续成为"小红帽"视域中具有意义的行动指引、行动规则或行动框架。

信赖在秩序叙事或秩序认同中的规范之力

记忆对抗着遗忘的可能性。"小红帽"对缘起于"家"的生活世界及其中的行动指引、行动规则或构架的记忆或

1　陈荣华：《海德格尔〈存有与时间〉阐释》，崇文书局2023年版，第155页。

遗忘，不只是一种心理属性，它们是个人与团体所依附的社会事件（social events），也是故事（tales）。记忆或遗忘的故事中所呈现出来的意涵，是事物的过去如何，之所以如此的因由，以及事物的现在如何、将来可能如何。[1]在个人对生活世界的社会秩序的体验中，记忆指涉着个人在生活世界的本真存有的开显，使得个人可能回返到其信赖的秩序叙事或叙事认同。借由记忆的绽显的可能性，个人的信赖及其扣连的秩序叙事或秩序认同不断统摄着自身的不同体验，或构建着具有统整性的个殊性意义脉络或经验基模。记忆对个人的信赖、秩序叙事或秩序认同的检视或召唤，是在个人体验社会秩序历程中的一种"再认的综合"，一种能对社会秩序的意义做出解释的知识架构或知识储存的沉淀。在"小红帽"的社会秩序的体验中，当"小红帽"对妈妈的"行事之言"答以自身的应承，就意味着会对妈妈为其讲陈的行动指令或微观行动规则、行动框架有所信赖，或意指着"小红帽"将给自身的行动路径立定某种新的边界，为如何选择行动路径的问题添加某种框架或约束

1　［英］Ivor F.Goodson, Scherto R.Gill: Narrative pedagogy: life history and learning, Peter Lang Publishing, Inc., 2011, p.101.

条件。应承扣连着有所信赖的个人束缚自身或信赖他者的表达，是对有所信赖的个人本身的一种"驯服"。有所信赖的个人得对"驯服过的一切负责"[1]。"作为一个被自由地做出了的或被自由地同意了的决定的结果，作为容受性之被逆转为主动计划的结果"，有所信赖的做出就"总是会回指到……一个有意向的思想，一个担当，一个向某一现在敞开的主体，一个再现"[2]。信赖关涉着个人的记忆或遗忘，或个人的主体性的存在。"小红帽"对其妈妈的信赖，将"小红帽"捆绑在一种指引或牵引自身去践行其信赖的经验脉络或诠释基模中，或是使自身的行动置放在一种与其妈妈有关联的秩序叙事或秩序认同的实践场景中。

219

个人在生活世界的社会秩序体验中衍生的信赖，并非假定着个人之间的言辞或行为的相互紧扣或一致，而是指个人之间的共同趋向或期待某种具有一致性的行动目标。"小红帽"做出的信赖其妈妈的应承，将对自身在信赖做出

1　[法]安东尼·圣埃克苏佩里：《小王子》，缪咏华译，广西师范大学出版社2018年版，第116页。

2　[法]列维纳斯：《另外于是，或在超过是其所是之处》，伍晓明译，北京大学出版社2019年版，第324—325页。

之后的判断和选择产生一种框限性指引，不仅为她自身开
放出一种持续地重述妈妈讲述过的指令或微观行动规则、
行动框架的必要性，也给她自身施加一种持续地信守或遵
循妈妈讲述过的指令或微观行动规则、行动框架的拘束。
"小红帽"不仅要短暂地记念着自身的信赖，也要在穿越森
林、去到外婆家的整个行动过程中都记念着自身的信赖。
当"小红帽"对其妈妈做出应答，有如其不会走离"正确
的"大路，不会与陌生的大灰狼交谈等，她就在构建或信
赖一种对自身的量度和指引，旨在使得自身的行为和言辞
能够符合其妈妈的期待，或成为其妈妈中意的、具主体性
的、"值得信赖"的年幼孩童。信赖对个人予以量度和指引
的意向，则根植于"小红帽"和其妈妈之间的现成上手的
权威性，一种时刻都可能编织出"小红帽"和其妈妈之间
的相互信靠的权威性。

顺应着个人记忆也许"总是会回指到……一个有意向
的思想，一个担当，一个向某一现在敞开的主体，一个再
现"所提供的"信赖—约束"，在"小红帽"对其妈妈的应
承中，信赖的束缚之力通达着的是一种基于主体性的记忆
再造的有限度的信赖，一种可能会始终贯穿着"总是一再

如此"的日常性修正或扰乱的不完全信赖。答应在森林里的生活场域中会有正确行为和言辞的"小红帽"，却是时刻可能遗忘自身对其妈妈做出的应答，甚或是时刻都可能遗忘自身与其妈妈落进的指引性关联。记忆或遗忘有可能显形的偶然性，就意味着对权威或指引者与生活世界的陌生性之间差异的部分或全部抹除，或是降低个人对生活世界的陌生性可能衍生的危险性或危害性的注意程度，甚或完全忽略对生活世界的陌生性可能衍生的危险性或危害性的注意。"小红帽"穿越森林的路程，将是一趟倾向于接受生活世界的陌生性如大灰狼的行程，或是无视生活世界的陌生之为陌生的路程。

221

当大灰狼呈现出来的外部性符码，也就是大灰狼的诱骗行为或话语编织出一种似乎充满着"温和柔美的情感"的外部征象，能够遮掩陌生的生活世界的危险性或危害性之际，大灰狼与权威或指引者如妈妈之间的实质差异性就越可能不会彰显出来，甚或使得大灰狼的诱骗行为或话语的效用能够完全等同于权威或指引者的指引性行为或话语的效用。内在于个人信赖的意义脉络之中的，对权威或指引者与生活世界的陌生性之间的差异进行辨析、划界的问题，就缘此隐没在"小红帽"的视域之中。借由个人的信赖将得到遵守的期待或可能性，现成上手的信赖为有待权威或指引者施以指引的年幼孩童的秩序叙事或秩序认同奠基。信赖通达着权威或指引者与年幼孩童之间的情感贴近与黏合，也通向某种将存身在权威或指引者的指引脉络中的年幼孩童的微观权利义务的构造。缘起于现成上手的权威性的信赖亦可能确认着一种具有规范力的事实，就是"小红帽"或其妈妈在自身的秩序想象中具有某种对其他人的意识流的活生生的经验，或是对如何把自身与他者联系在一起的特定意义脉络的经验。信赖有助于"小红帽"与其妈妈成为一种内嵌着"主体间性"的共同体，一种能够对抗陌生者如森林里的生活场域中的大灰狼的危险性或危害性的共同体。

但扎根于当下正现成上手的权威性的信赖直接关涉着的"现之在"，是个人之自在自为的自由的意向，或个人的秩序叙事或秩序认同的经验脉络或诠释基模。在个人意向的此一"现之在"中，"它是否定的实在性，只是抽象地自我相关的现实性——主体在自身中所具有的单个意志"[1]。在"现之在"的意向将存身于指引性脉络中的个人予以抽象的统一中，也许要借由个人的记忆来保持连续性的信赖，是个人在生活世界的秩序构成中能够以新接触的体验予以转换或中断的信赖，信赖对其做出者自身的拘束效果还只是运行在个人的意向之中，尚未接受一种具有外部实在性的客观的拘束。停驻在个人意向脉络中的信赖，对个人不具有生活世界的事实性的规范之力。在关涉到年幼孩童的日常话语或叙说中，或是当个人的信赖在自为地存在的意向之外得到有担保地遵从之际，信赖成为一种在生活世界的秩序构成中有着逻辑必要的，并非可从秩序构成的进程中任意抽离的信赖；或是借由信赖的缺失而引致的危险性或危害性在生活世界的浮现，信赖的规范之力和事实性在陌生的生活世界的秩序构成中凸显出来。

223

1　[德]黑格尔：《法哲学原理》，范扬、张企泰译，商务印书馆1961版，第44页。

第六章

秩序叙事或秩序认同的开展

第一节

建立连结

表征着社会秩序构成的连结

在年幼孩童的日常行动实践中，生活世界的社会秩序构成将"一以贯之地意指这样一种事态，其间，无数且各种各样的要素之间的相互关系是极为密切的"，以至于个人能够从其对生活世界整体中的"某个空间部分或某个时间部分（Some spatial or temporal part）所作的了解中学会对其余部分作出正确的预期，或者至少是学会作出颇有希望被证明为正确的预期"。[1]借由在生活世界的"某个空间部分或某个时间部分"的秩序构成中在世存有的"现之在"，

---

1 ［英］哈耶克：《法律、立法与自由》（第一卷），邓正来、张守东、李静冰译，中国大百科全书出版社2000年版，第54页。

个人体验或诠释着生活世界的秩序构成，且往前遭逢生活世界的秩序构成中的"其余部分"。在个人理解生活世界的秩序叙事或秩序认同中，生活世界的秩序构成绽显着其具有意义的可能性。生活世界的意义关连着个人从生活世界的现成的"某个……部分"对陌生的"其余部分"进行预期或筹划，或是能够从"某个"现成的生活世界对"其余"陌生的生活世界做出预期或筹划。个人对生活世界的秩序构成的操心或个人的秩序叙事或秩序认同，不只是意在指涉或覆盖生活世界的现成的"某个空间部分或某个时间部分"的"某个"特定"部分"，也是要能指涉或去覆盖正在到来的陌生的"其余部分"。

227

　　在现成的"某个部分"与陌生的"其余部分"之间的不确定性或偶然性的正在绽出或将临，就不仅展现着生活世界的秩序构成的断裂的可能性，也意谓着在秩序构成中存有的个人的预期或筹划的重要。在个人对陌生的生活世界的秩序构成的操心或个人的秩序叙事或秩序认同中，"已经预设了一个作为能去担当些什么——无论是事先还是事后——的可能性……，一种超出了被动性所具有的容受性的担当”[1]。个人对陌生的生活世界的秩序构成的操心或个人的秩序叙事或秩序认同，藏蕴着一种奠基于个人主体性的担当，或是一种对介乎生活世界的现成的“某个部分”与陌生的“其余部分”之间的不确定性或偶然性的对抗。"担当"意谓着个人对生活世界的秩序构成有所理解，或是个人在生活世界的不同“部分”之间建立连结。经由在生活世界的“某个空间部分或某个时间部分”与“其余部分”之间建立连结，个人对陌生的生活世界的秩序构成的操心或个人的秩序叙事或秩序认同，就可能敉平秩序构成中发生的不确定性或偶然性，或收束或保有着秩序构成将具有的连贯性或共同性、一致性，使得陌生的“其余部分”能够成为现成的“某个……部分”引致的确定性要素。

与陌生的生活世界建立连结，通达着具有知识储存的个人对陌生的生活世界的注视或理解，或陌生的生活世界在个人的秩序叙事或秩序认同中可能衍生的意义。建立连结，涵蕴着生活世界的现成的“某个……部分”对陌生的“其余部分”的指引性，或是生活世界的现成的“某个……

---

1 ［法］列维纳斯：《另外于是，或在超过是其所是之处》，伍晓明译，北京大学出版社2019年版，第324页。

部分"与陌生的"其余部分"之间的指引性的相互交织。沿循着现成的生活世界的秩序构成衍生出来的指引性，个人的秩序叙事或秩序认同经由现成的生活世界指向到陌生的生活世界，或在现成的生活世界与陌生的生活世界之间构建意义的脉络。现成的生活世界与陌生的生活世界之间的意义脉络，不仅会径直涉及陌生的生活世界的秩序构成的意义生成的可能性，也关联着陌生的生活世界的秩序构成的意义的特定展开形态。在现成的生活世界与陌生的生活世界的相互交会和互为依据中，陌生的生活世界得以在个人的经验脉络或诠释基模中绽显着特定的意义，或陌生的生活世界借以归位到先行给予的秩序体验的整体脉络之中。陌生的生活世界就此在个人的秩序叙事或秩序认同中成为一种井然有序的生活世界。

在日常生活中的权威或指引者对年幼孩童予以引导的"行事性"话语或叙说中，着意于生活世界的现成的"某个……部分"与陌生的"其余部分"之间建立连结的言语，时常就有"接下来呢""下一步怎么走""考虑一下""再看看""多想想""有耐心一点""以后再说""不要只要现在，要看以后……""要看长远"等，或可能是意在带向"以言行事"的"想象""关系""桥梁""道路"或"爱""友好""熟悉"之类语词。诸如此类的日常性话语或叙说展示着年幼孩童个人体验陌生的生活世界的秩序构成的可能性，或揭显着年幼孩童个人为陌生的生活世界的秩序构成提供特定意义架构的可能性。在年幼孩童"要看以后"的"考虑一下"的流程中，生活世界的陌生性就可能成为年幼孩童个人的经验脉络中的一种新的体验，一种能够在单一视线里将陌生性视为个人的经验脉络的构成单元的体验。能够"考虑"的"以后"是要经由年幼孩童的"现之在"往前到达的"以后"，或是生活世界的陌生性正在或将呈现着某种新的可能性的"以后"。个人体验"以后"的陌生性的行动将在经验脉络中逐步构成新的综合，"它们又可以单一地被注视着，它们相对于个别的构成活动而言又是另一种意义脉络"[1]，如此以至不断地整合出新的意义脉络或经验脉络。个人的经验脉络则随着个人对"以后"的陌生性的新体验而扩展。

在年幼孩童与陌生的生活世界的秩序性"连结"的日

1　[奥] 舒茨：《社会世界的意义构成》，游淙祺译，商务印书馆2012年版，第101页。

常生活实践中，陌生的生活世界未必定然展示为现成的生活世界的否定或异己者，也未必展开为现成的生活世界的同一者或复本。也许陌生的生活世界是一种与具确定性的现成的秩序构成有所差异的可能性存在。陌生的生活世界可能遁离于年幼孩童的现成在手的生活世界之外，是"现在"正尚待上手的生活世界，或是"将来"有可能营造为现成的生活世界的世界。陌生的生活世界"向着一种可能性的存在"，是一种与年幼孩童有所陌生的异己者相连结的可能性的存在，也就是向着个人行动本身"别具一格的可能性的存在"的生活世界。[1]

对其正在经验或将要跨进的"可能性的存在"的陌生的生活世界，年幼孩童需要通过个殊性的意义脉络不断整合自身对生活世界的陌生性的经验、把握，践行某种为赋有差异性或不确定性的异己者能够理解或接受的行动框架，以在"秩序正在构成"的意义世界中与异己者"一起共同生活"。进到一种陌生的生活世界的秩序构成中，就是要与异己者组建起某种特定的对生活世界的陌生性的"驯服"，

1　[德]海德格尔：《存在与时间》，陈嘉映、王庆节译，生活·读书·新知三联书店2014年版，第299页。

"'驯服'就是'建立关联……'"的意义脉络或诠释基模。[1]起始于对陌生的生活世界的体验的"驯服",表达着年幼孩童与陌生的生活世界之间从意义的无所关涉转进到"彼此需要"的特定诠释脉络中,或是陌生的生活世界成为年幼孩童个人的经验脉络或诠释基模可能关涉的特定场域。"驯服"为年幼孩童个人的行动提供一种意义的"可能性的存在",或个人就生活世界的陌生性具有特定的注意模态。

始于关联的秩序叙事或秩序认同

232

在《小王子》的故事讲述中,狐狸告知尚处于初识之际的、陌生的小王子,在其与小王子之间衍生出一种可能"驯服"陌生性的特定"关联"之前,小王子对于狐狸"还只是一个跟成千上万个小男孩一样的小男孩而已。我不需要你,你也不需要我"。对于小王子而言,狐狸"还只是一

1　[法]安东尼·圣埃克苏佩里:《小王子》,缪咏华译,广西师范大学出版社2018年版,第109页。

只跟成千上万只狐狸一样的狐狸而已"[1]。但是，一旦小王子"驯服"了狐狸的陌生性，狐狸与小王子就会"彼此需要。你对我来说，就会是这世上的唯一。我对你来说，也会是这世上的唯一"[2]。甚或有所勾连的一切都会变得奇妙无比。例如对不吃面包的狐狸来说，麦子对其本没有意义，麦田也不会带给其任何联想。可是，在小王子"驯服"狐狸的陌生性之后，起意于小王子的头发是金色的缘故，金色的麦穗就会让狐狸想起小王子，"连风吹进麦田的声音，狐狸都会喜欢"[3]，而此亦能够展现生活世界的秩序构成的意义绽显的"'驯服'的意思就是'建立关联……'"[4]。个人与生活世界的秩序构成中的陌生性的"建立关联"，是个人带着知识储存去体验陌生性，或指涉着个人的意义脉

1　［法］安东尼·圣埃克苏佩里：《小王子》，缪咏华译，广西师范大学出版社2018年版，第109页。

2　［法］安东尼·圣埃克苏佩里：《小王子》，缪咏华译，广西师范大学出版社2018年版，第109页。

3　［法］安东尼·圣埃克苏佩里：《小王子》，缪咏华译，广西师范大学出版社2018年版，第111页。

4　［法］安东尼·圣埃克苏佩里：《小王子》，缪咏华译，广西师范大学出版社2018年版，第109页。

络与有待理解的陌生性的意义脉络之间能够生发适当的相互对应。

对陌生性的"'驯服'的意思就是'建立关联……'"[1]。在"关联"的义蕴之中，不仅意指着对某种无法预期的陌生性的中断，也显示着相互关联的主体所进入的秩序构成的进程。根植于个人的相对平等性的"关联"，"标志着某种东西的开端，开启某种新的东西，掌握主动权，或者用康德的话来说，开启它自身的因果链条"[2]。"驯服"陌生性的个人的"在世"，并非是不同个人的体验彼此分割开来或不具某种意义牵涉的"在世"，而是个人在生活世界的秩序构成中存有的"在世"，或是个人的经验脉络或诠释基模之间生发着彼此牵连、重迭的"在世"。"驯服"陌生性关联着个人从理解自身的体验到其与他者的互为主体性的流程，也彰显着个人对生活世界的秩序构成的意义脉络的呈现，或是个殊性的秩序叙事或秩序

234

1　[法] 安东尼·圣埃克苏佩里：《小王子》，缪咏华译，广西师范大学出版社2018年版，第109页。

2　[美] 汉娜·阿伦特：《政治的应许》，张琳译，上海人民出版社2016年版，第106页。

认同的构建。"驯服"或"关联"兴起于个人在陌生的生活世界"驯服于谁"或"与谁建立关联"的可能性。

在"驯服于—谁"或"与—谁—建立关联"的关涉个人的经验脉络的绽显中，陌生的生活世界如何以合乎个人意向的方式得到经验、把握，就扣连着个人应对陌生的生活世界的源初性注意模态，或是与个人相关切的"驯服于—"或"与—……—关联"的"形式显示"。"形式显示"不涉及"驯服"或"关联"的"内容意义"的本质性规定，"'形式'或'形式的东西'是这样的内容，它指出指示的方向，标划道路"，"'形式'给出践行的'开始特性'，导致对所指示的东西进行原始的充实"。[1]"形式显示""不受有待规定的对象的特定的'什么'的限制。形式化规定完全转离了对象的事实性内容，它只针对对象的被给予这一方面来看待对象；对象被规定为被把握者，被规定为合于认识的关涉所朝向之处"。[2]在此一先行给予的关涉"形

1　［德］海德格尔：《对亚里士多德的现象学解释：现象学研究导论》，赵卫国译，华夏出版社2012年版，第31页。

2　［德］海德格尔：《宗教生活现象学》，欧东明、张振华译，商务印书馆2018年版，第62页。

式"中，"驯服"或"关联"的意义架构随之有所定向或组
建，使其成为一种有待充实、有待践行的"驯服于—"或
"与—……—关联"，一种能够对个殊性的秩序叙事或秩序
认同予以某种定向或组建的"驯服"或"关联"。

在个人的经验脉络中呈现生活世界的秩序构成的陌生
性的"驯服"或"关联"，诠释着狐狸的陌生性之驯服于小
王子的"这"，却不是鸡的陌生性驯服于狐狸的"那"，亦
不是狐狸的陌生性可能驯服于小王子之外的那些他者例如
猎人的"那"，或不是小王子的陌生性未能驯服于那些他者
的"那"，而那些他者则如《小王子》的故事讲述中提及的
国王、虚荣者、酒鬼、商人、街灯点灯人、地理学家、扳
道员。"这"一"驯服"或"关联"是一种仅仅存在于狐狸
与小王子之间的个殊性关联，一种只是隶属于现时的狐狸
与小王子之间的特定蕴涵的关联。"驯服"或"关联"意指
着狐狸与小王子之间的一种有意义的"关联"，一种攸关个
人的"注意"或意向性的关切，或是一种攸关秩序构成的
意义的涌现的关切。狐狸与小王子之间的特定"驯服"或
"关联"，并非是着意在"驯服/不驯服"的语义脉络中的
"驯服"或"关联"，而是指向在陌生的生活世界的秩序构

成中"驯服于谁"或"与谁建立关联"的意义脉络的"驯服"或"关联"。"驯服于谁"或"与谁建立关联"开显着一种与特定之"谁"相关联的有差别性，一种在"谁"与"谁之外"的他者之间进行不同择取的有差别性。有差别性通达着生活世界的秩序构成的可能性或事实性；无差别性即是与"谁"无所关切或与"谁"有所陌生，也就意味着个人不能够经验、把握陌生的生活世界的秩序构成。在无差别性的纯粹中，就像不论是"在纯粹光明中"还是"在绝对黑暗中"，"皆同样什么也看不见"。[1]此一"驯服—于谁"或"与谁—建立关联"的有差别性，表述着一个主体对另一个主体的关切，一个主体经由"驯服"陌生性而"关联"到生活世界中的他者的关切，或是蕴涵着由个人在秩序构成中"何去何从"的际遇取向而绽显出来的主体性，也就是敞开着个人对陌生的生活世界的秩序图式的意义构建、意义可能性。

237

在关乎个人经验、把握秩序构成的"驯服—于谁"或"与谁—建立关联"之中开显的有差别性，意味着从陌生的

1　[德]黑格尔：《精神现象学》（上卷），贺麟、王玖兴译，上海人民出版社2013年版，第152页。

生活世界析取出一种有意义的关联，一种彰显着个人"驯服"陌生性的经验脉络的组建的关联。未能"驯服—于谁"或未能"与谁—建立关联"则概陈着不能使其意义送呈给个人的陌生的生活世界，一种尚且隐蔽在经验实事之中的陌生的生活世界，或是一种使得个人对陌生的生活世界的秩序构成无所诠释的事实性。在小王子与遭其嘲讽的玫瑰之间，就是一种"驯服"或"关联"的未能。小王子对遭其嘲讽的玫瑰说，"没人驯服你们，你们也没驯服任何人。你们就跟我的狐狸过去那样。那时，他只是一只和其他成千上万只狐狸一样的狐狸。可是我把他当成朋友，现在他就是世界上独一无二的了"[1]。遭到小王子嘲讽的玫瑰，则跟小王子所"驯服"或"关联"的玫瑰"一点都不像"。或许能够有效用于某个特定他者的"美"之制造行动却对于小王子"还什么都不是"的玫瑰，其与小王子之间的偶然性关联是一种缘于个人的无有体验或"陌生"而来的关联，一种小王子与"世界一般"的空洞系连。对小王子"还什么都不是"的玫瑰是一种与"其他成千上万只"玫瑰一样

238

1　[法] 安东尼·圣埃克苏佩里：《小王子》，缪咏华译，广西师范大学出版社2018年版，第115页。

为意义"空虚的"玫瑰，一种生长在陌生的生活世界中的玫瑰。

得到小王子的"驯服"或"关联"的玫瑰、狐狸，则是从陌生的生活世界脱离、现身出来的"独一无二"的玫瑰、狐狸，或是从一种偶然性的"照面"中嬗变为"独一无二"的关联者的玫瑰、狐狸。"独一无二"诠释着个人与生活世界之间的一种从无所关涉的陌生到有所连结的意义构建的过渡，一种在此者与彼者之间做出特定的界分或有差别性的呈现，或与生活世界的陌生性有所差异的可能性的存在。"独一无二"意谓着个人就生活世界的秩序构成而涌现的一种特定的意识体验，一种不再泯然于生活世界的陌生性中的体验，一种在此有的秩序叙事或秩序认同中"独一无二"的生命流程的展示。玫瑰、狐狸对小王子是"独一无二"的意蕴，对应着小王子能将其对玫瑰、狐狸的体验放到或归位到本身的整个经验脉络或诠释基模中。在小王子与其所"驯服"或"关联"的玫瑰、狐狸之间具有某种行动一致性的可能，或是一种能够在生活世界的秩序构成中绽显着某种意义的本真系连，或不再存在陌生的、"空虚的"意义的断裂。小王子与其所"驯服"或"关联"

的玫瑰、狐狸之间的本真系连，是一种转进到彼者基于"……是我的"的系连，或一种因为"驯服的东西是我的……"的秩序构成中的特定"关联"。

与生活世界的陌生性的"关联"彰显着年幼孩童个人的经验脉络或行动脉络，或是个人与陌生的生活世界的本真性连结的体验预设或表达着个人经验的整体一致性。在此一整体一致性中，个人对陌生性的"驯服"的体验被带回到其"经验储存内现成的对象里，并以与这个对象同化的方式来认识它"，或个人对陌生性的"驯服"是"未知者回头指涉已知者，是在注视之下藉由体验基模理解对象"。[1]个人在其经验的整体一致性中"关联"生活世界的陌生性，诠释着个人相应于生活世界的秩序构成的意义脉络的衍生历程。个人的意义脉络或个人在陌生的生活世界的在世存有的义蕴，既敞开着个人在当下能够上手的现成的生活世界，也开显着个人经由现成的生活世界往前到达陌生的生活世界的可理解性。陌生的生活世界的可理解性或意义扎根在个人于现成的生活世界体验到的经验脉络

240

---

1 ［奥］舒茨：《社会世界的意义构成》，游淙祺译，商务印书馆2012年版，第110页。

之中。

现成的生活世界是对于年幼孩童个人具有意义的生活世界，是未能作为"陌生"对待的生活世界或是使得"陌生"呈现着可理解性的生活世界。在年幼孩童个人经验的意义脉络中，现成的生活世界时常扎根于权威或指引者施以指引的场域。具指引性的场域之所以在年幼孩童个人的意义脉络中有着重要性，源自于生活世界的秩序构成的意义框架可以给予年幼孩童个体一种特定的事实性，或召唤着年幼孩童个人与陌生的生活世界"建立关联"的事实性。现成的生活世界是年幼孩童可以起始性地存身于世界中的庇护所，一种指引着陌生的生活世界的到临的城堡。个人早已在现成的生活世界中的"存有总是开显世界"，借着个人在现成的生活世界中的存有的世界性，年幼孩童个人为陌生的生活世界"给出意义、开放它和理解它"[1]，或与陌生的生活世界"建立"有意义的"关联"，借以从对于陌生性的新的体验出发去对个人在现成的生活世界的过去体验做出自我诠释。在此，年幼孩童个人"是一个自由的存有，

1　陈荣华：《海德格尔〈存有与时间〉阐释》，崇文书局 2023 年版，第158 页。

可以在意识生活的任何时刻，注意那些过去在综合中逐步构成的体验"[1]，个人对陌生性的新体验与其在现成的生活世界的过去体验构成新的综合。与陌生的生活世界的"建立关联"开显着个人是一种在世存有，一种能够继续往前到达陌生的生活世界的存有。

"建立关联"的"建立"不是被抛入一种对权威或指引者的指引的外部性服从或遵循中，或不是一种仅仅停驻于"抽象地自我相关的现实性——主体在自身中所具有的单个意志"[2]。"关联"中，年幼孩童个人不再接受外部性指引的支配，个人回到自身的可能性去，并理解自身的在世存有的可能性。"关联"的活动指涉着秩序构成中的意义的"创造与保存的事情"，其"部分功能是保存世界上共同的东西，并对新事物的到来持开放性"。[3]"建立""关联"或对生活世界的陌生性的"驯服"是一种个人在秩序构成中

1　[奥]舒茨：《社会世界的意义构成》，游淙祺译，商务印书馆2012年版，第103页。

2　[德]黑格尔：《法哲学原理》，范扬、张企泰译，商务印书馆1961年版，第44页。

3　[爱尔兰]德尔默·莫兰：《现象学：一部历史的和批评的导论》，李幼蒸译，中国人民大学出版社2017年版，第342页。

的具有创建性质的体验或行动，是个人主体性对陌生的生活世界的自由的投出，或是个人主体性的去建立关联、去"给它的自由以外部的领域"[1]。"建立关联"的体验是"从人与人之间产生，它是作为关系而成立的"，或年幼孩童个人体验陌生的生活世界的"关联"，是在人和人之间产生，在单数的个人之外产生。"关联"展现着人的复多性。个人与陌生的生活世界"建立关联"的特定"意图深植于其处境中、即人类的习俗和惯例中"[2]。个人的主体性自由地与生活世界的陌生性"建立连结"，意指着"在人和人之间产生"的某种行动的一致性，或是个人对陌生性的新体验可以归位到其在现成的生活世界积淀下来的经验脉络中的一致性。

始缘于个人主体性的自由"建立连结"是一种本真性的连结，一种能够借由"能去担当些什么"的个人责任的特定行动取向来呈现的连结。正如《小王子》的故事讲述

1　［德］黑格尔：《法哲学原理》，范扬、张企泰译，商务印书馆1961版，第50页。

2　［奥］维特根斯坦：《哲学研究》，汤潮、范光棣译，生活·读书·新知三联书店1992年版，第147页。

中的狐狸对小王子进行的教导，是"你花在……身上的时间，才让你的……变得这么重要"，"你现在永远都得对你驯服过的一切负责。你要对你的……负责"。[1]肇端于个人主体性的对陌生性的"驯服"，也许会透过一种特定的行动类型来彰显其内含的责任意向或注意模态。小王子"驯服"狐狸时所践行的"要很有耐心"的"仪式"，其直接的义蕴就在于使小王子可以注意到狐狸。"仪式"的择取是着意在个体之间引动一种具有共感共应的意义型构，显现着能够推动个体置身于特定秩序构成的流程中的责任意向。经由"仪式"指向陌生性而来的特定注意中的诠释性的理解，"驯服"陌生性的社会秩序构成的新体验就可能放置到年幼孩童个人的经验脉络或诠释基模的整体之中，"因为，只有当周遭世界中的'你'以任何一种方式注意到我时，社会关系才真的开始"[2]。

"仪式"展现着个人对陌生的生活世界的新体验，"仪

1　[法]安东尼·圣埃克苏佩里：《小王子》，缪咏华译，广西师范大学出版社2018年版，第116页。

2　[奥地利]舒茨：《社会世界的意义构成》，游淙祺译，商务印书馆2012年版，第238页。

式就是让某个日子跟其他日子不同，让某一时刻跟其他时刻不同"[1]。"仪式"也形塑着个人对陌生的生活世界的未来不确定性的判断或区辨，或是蕴涵着对陌生的秩序构成的意义予以脉络化地统摄的个人预期的伸展。个人对陌生的生活世界产生的秩序叙事或秩序认同"需要一种伴随着信念的期待，相信有一种正确的行为方式，能够使人们，甚至可能是受害的一方，对于违反该期待的行为做出适当的响应，否则就是不适当的"[2]。"仪式"通达着年幼孩童个人对陌生的秩序构成的一种特定体验或注意模态，或是对陌生的秩序构成的"适当的"期待，其内在意涵的践行将表达或形塑着年幼孩童个人对一个"我们的世界"的个殊性观照。年幼孩童有所体验的"'我们'的世界并不是我的或你的私人世界，而是'我们的世界'、是一个我们共同的、互为主体的世界，它预先被给予在那里。唯有从这里，从周遭世界的社会

245

1　［法］安东尼·圣埃克苏佩里：《小王子》，缪咏华译，广西师范大学出版社2018年版，第116页。

2　［美］瑞斯曼：《看不见的法律》，高忠义、杨婉苓译，法律出版社2007年版，第16页。

关系，从我们对世界的共同体验出发，互为主体的世界才可被构成，并且从这里获得其原初且真正的效力"[1]。正如在年幼孩童"驯服"周遭的陌生性的社会秩序构成中，"社会关系是从'你注意到我'开始的。每一位行动者都会以他人的原因动机或是目的动机为导向"，在此种秩序构成的流程之中，"我将自己的经验看成是你的目的动机之所在或是原因动机之结果"。[2]

秩序叙事或秩序认同的展现

在关涉到年幼孩童的日常性话语或叙说中，时常就借由"爱"之类的概念、言述来表达个人与生活世界的陌生性的"连结"的社会想象，或是个人体验陌生的生活世界的秩序叙事或秩序认同的展现。如绘本《猜猜我有多爱

---

1 ［奥地利］舒茨：《社会世界的意义构成》，游淙祺译，商务印书馆2012年版，第237页。

2 游淙祺：《译者导论》，载于舒茨：《社会世界的意义构成》，游淙祺译，商务印书馆2012年版，第XXX页。

你》[1]中，就透过简练对白的叙事陈述出年幼孩童与具有陌生性的他者如何在"爱"中"连结"，或彰显以"爱"为故事主题的日常性秩序叙事或秩序认同。"爱，一般说来，就是意识到我和别一个人的统一，使我不专为自己而孤立起来；相反地，我只有抛弃我独立的存在，并且知道自己是同别一个人以及别一个人同自己之间的统一，才获得我的自我意识。"[2]"爱"的内蕴中有着个人对自身的在世存有的理解，也表达了个人在秩序构成流程中的一种创建性行动。"爱"意味着个人对自身的"跨越"，有所爱的个人"在某种方式上不再是他自己，即不再是处在时空的特定位置的那个特定的人。"[3]"爱"产生行动的力量，彰显出个人之间有所连结的情绪，也是展示个人之间有所行动的一种常见的型态。"爱"意涵着个人在以未来完成式勾勒出来的意义脉络中去肯定、接纳陌生性的他者，或是个人与具

247

1　［英］麦克布雷尼（文），婕朗（图）：《猜猜我有多爱你》，梅子涵译，明天出版社2018年版。

2　［德］黑格尔：《法哲学原理》，范扬、张企泰译，商务印书馆1961版，第175页。

3　［美］阿伦特：《爱与圣奥古斯丁》，王寅丽、池伟添译，漓江出版社2019年版，第71页。

有陌生性的他者之间的"统一"或保持行动一致性。借由"爱"在秩序构成中进行的创建性的"连结",个人从现成的生活世界来整合陌生的生活世界,或是在对生活世界的特定的行动规则或行动框架的践行之中,展现着一种能够与他者交相互动的主体性,一种在遵循权威或指引者的指引之外亦能有所行动的主体性。

"爱"的创建性活动展开主体性的表现空间,通达着权威或指引者如妈妈与年幼孩童个人之间的"驯服"的秩序构成路径。在关涉年幼孩童的日常性话语或叙说之中,对陌生性的"驯服"时常是借由一种能够涌现"爱"的体验的生活情境来达成,或是缘于个人的"现之在"的在世存有之中。旨在"驯服"陌生性的"爱"涉及社会秩序想象中的一种交会、融合,或是一种视域的开放性。经由历史性过往的脉络中的位置,有所爱的个人试着去理解他者的视域。"爱"意涵着从个人之间的彼此不需要转到"彼此需要"或彼此指引,某种根植于个人的经验脉络中的"彼此需要"或彼此指引,彼此都会是对方在这个"世上的唯一"。[1]对陌生性的"驯服"的"爱"是个人从"成千上万"的他者中找到我者，找到在个人所秉持的经验脉络的相互链接中"是世界上独一无二"的我者。秩序构成中的"爱"意涵着个人与个人有所牵绊的"从无生有"，是个人从彼此"什么都不是"的"空虚的"陌生进到彼此"是我的"的相互照面。[2]相互照面衍生着彼此之间的去保持一致，是"彼此需要"或彼此信靠的个人之间的相互操心，是彼此将对方作为"我的""关联者"的一种日常性行动。纠缠或穿行在日常性的微观行为规则或行动框架中的相互照面，通达或形塑着日常性秩序构成，是个人之间的约定、善意或爱、责任得以生发的基源。

能够"驯服"陌生性的"爱"的生活世界，时常是个人的主体性能够自生自发的生活世界，或是可能内生着"人是目的而不是手段"的生活世界。借由"爱"建立连结的视域中，年幼孩童与权威或指引者的关联基源是人之为

249

1　［法］安东尼·圣埃克苏佩里：《小王子》，缪咏华译，广西师范大学出版社2018年版，第109页。

2　［法］安东尼·圣埃克苏佩里：《小王子》，缪咏华译，广西师范大学出版社2018年版，第115页。

人的"自然"且"正当"的内蕴。在缘于"爱"的秩序构成中相互连结的个人，就是能够将主体性的可能性作为可能性开展出来的个人，而个人跟生活世界的关系是一种人与人的关系，一种合乎人的主体性的内在逻辑的关系。年幼孩童与权威或指引者之间的本真性系连"不仅仅意味着一个人不屈从于另一个人的强制，而且还包括一个人能够摆脱整个强制性领域"[1]。正是奠基于主体性的"爱"让年幼孩童置身的生活世界"不停转下去"[2]，"爱"绽显着年幼孩童与陌生的生活世界"建立连结"的可能性，或是可能为年幼孩童呈现或提供某种使其体验生活世界的意义的开放性。相较于正在或尚未到来的陌生的生活世界，奠基于"爱"的秩序构成与年幼孩童个人的一切关系，就是个人在生活世界的一种事实性，一种与个人的"意志的对象相符合的"，"现实的个人生活的明确表现"。如果一个人的爱作为爱没有使对方产生相应的爱，没有引起对方的爱，

1　[美]汉娜·阿伦特：《政治的应许》，张琳译，上海人民出版社2016年版，第113页。

2　[英]刘易斯·卡罗尔：《爱丽丝漫游奇境与镜中奇遇》，陈荣彬译，湖南文艺出版社2022年版，第186页。

也就是，如果一个人藉由其作为爱人者的生活表现却并没有使自己成为被爱的人，一个人就不能自由显示自身的主体性，一个人的"爱就是无力的，而这种爱就是不幸"，[1]或一个人是未能在"爱"的"关联"的指引性中"驯服"陌生性的他人。

在"驯服"陌生性的秩序构成的流程中，"建立连结"的指引性的内蕴、意义或指引性的绽显的可能性，将架构着年幼孩童的行动框架或行动规则，或是为年幼孩童筹划着行动的可能性和边界。指引性开显的意义脉络不仅对年幼孩童在秩序构成中的"位置"有所揭显或规定，也裁断着年幼孩童的自由行动的正当性和合理性。在生活世界中存有的年幼孩童总是面对着指引性的事实性，或总是借由指引性给出的筹划来体验秩序构成中的陌生性的意义。年幼孩童往前到达或"驯服"陌生性的诠释历程中，不能让年幼孩童在"爱"的本真存在中理解自身的主体性的指引性，时常使得年幼孩童个人只以权威或指引者的意见去理解生活世界，或仅仅是听从、遵循权威或指引者限定的行

251

1　[德] 马克思：《1844年经济学–哲学手稿》，刘丕坤译，人民出版社1979年版，第109页。

动框架、行动规则。无法回到和正视"爱"的指引性时常是一种非本真性的指引性。受限制于非本真性的指引性的年幼孩童，其经验脉络或诠释基模将难以或全然不能自由地体验生活世界的意义。

在关涉年幼孩童的日常性话语或叙说中，时常出现的"后妈"或"邪恶的后妈"的符码，就表达着本真性的指引性的一种隐没、遗忘或错乱、扭曲，或是年幼孩童个人对本真性的指引性的关念或期待、焦虑。"后妈"的意指可能性与"妈妈"相对照，或扎根于由"妈妈"滋生的意义谱系中。生活世界的秩序构成中的"妈妈"的义蕴，并非必定指涉着一种能够自发涌现本真性的指引性的情境，却是时常意指着一种可以衍生"爱"或本真性的指引性的基源。"妈妈"的符码负载着血缘相关之外的意义，是对本真性的指引性的一种抽象或具象的显示，也是一种能够清晰显示本真性的指引性的存在的典范，或是一种能够寓意着本真性的指引性的存在的譬喻。日常性话语或叙说中的"妈妈"，构建或延伸着年幼孩童对本真性的指引性的可能想象，也似乎自然地编织着本真性的指引性的正当或合理的内涵和边界。

252

生活世界的秩序构成中的"后妈"的蕴涵则落在"妈妈"的意义譬喻之中或之外，是年幼孩童可以期待的"妈妈"的相似者，或是也许能够衍生某种本真性的指引性的基源。"后妈"也许在某种程度上能够作为"妈妈"所表征的本真性的指引性的替代者，甚或能够作为"妈妈"所表征的本真性的指引性的完美替代者。日常性话语或叙说中的"后妈"，未必一定成为年幼孩童的"邪恶的后妈"，但似乎总是在轻易地昭显着"邪恶的后妈"的正在到来，或是朝着"邪恶的后妈"的概念或意象而敞开。当也许意在诠释本真性的指引性的"后妈"更改为"邪恶的后妈"，"后妈"就站立在"妈妈"的意义构成所通达的本真性的指引性的基源之外，是对根植于"妈妈"的意义架构的本真性的指引性的偏离或否定。"邪恶的后妈"是对"妈妈"所介入的、有着某种本真性的指引性的秩序构成的一种比拟，也是对能够涌现本真性的指引性的"妈妈"的意义场域的一种中断，一种直接的或间接的意义再造。在与"妈妈"或本真性的指引性相共存、对照的日常性意义中，"邪恶的后妈"之"后"的意涵，并不是针对时间量度中的在"妈妈"之后，而是在于明确指出能够发生本真性的指引性的

"妈妈"之外的譬喻，即指涉着"妈妈"之外的行动方向，或促使"后妈"进到可以发生本真性的指引性的情境中去的取径。

"邪恶的后妈"可能给年幼孩童与陌生的生活世界的"建立连结"倾泻一种指引性的不确定性。"邪恶的后妈"的在场或一种本真性的指引性的欠缺，将限制着年幼孩童的主体性的可能性，甚或导致年幼孩童难有一种体验生活世界的秩序构成的意义的视域，使其不能为陌生的生活世界的体验做出谨慎的判断或筹划。不过，由"邪恶的后妈"带来的非本真性的指引性的起初不等于未来，也不能周延到陌生的生活世界在未来绽显的所有意义。"邪恶的后妈"或非本真性的指引性的当下，并不能当然关连或排列年幼孩童个人在未来的自由行动的可能性。年幼孩童个人的未来行动也许处于一种无法确定地预知其结果的过程中，经由一种对统计和可能性法则的超越，对每日例行的确定性的超越，以一种具有"无限制之潜能与实在"或奇迹的行动形式呈现出来[1]。与"邪恶的后妈"或非本真性的指引性

1　蔡英文：《政治实践与公共空间：阿伦特的政治思想》，新星出版社2006年版，第85页。

相遭逢的经验，是当下呈现或沉淀在年幼孩童个人的意义脉络或诠释基模之中的经验，也是年幼孩童个人在未来可能以不同体验来调整或统摄的一种经验。对生活世界里的陌生性在未来涌现的可能性的体验，为年幼孩童"度过生活开启了此前不曾预料的新的可能，并且具备了更多的知识，或许也带来更多的自由和控制，从而产生了更多的自我觉知，更能理解他人，也更能把握……周遭的环境"[1]。

---

1 ［英］齐格蒙特·鲍曼，蒂姆·梅：《社会学之思》，李康译，上海文艺出版社2020年版，第20页。

第二节

自由的重要

秩序叙事或秩序认同中的自由

生活世界的社会秩序构成中有着繁复不同的生活方式。在生活世界的本真性情境中存身的个人的"个性的自由发展乃是福祉的首要要素之一",或"在并非主要涉及他人的事情上,个性应当维持自己的权利,这是可取的"。[1]逗留于生活世界的本真性情境中的"'人的目的,或说由永恒不易的理性诏谕所指令而非由模糊短暂的欲望所提示的目的,乃是要使其各种能力得到最高度和最调和的发展而达成一个完整而一贯的整体';因此,'每人所应不断努力以

256

1　[英]密尔:《论自由》,许宝骙译,商务印书馆1998年版,第66页。

赴特别是志在影响同人的人所应永远注视的目标，乃是能力和发展的个人性'；而这便需要有两个东西，就是'自由和境地的多样化'；这二者一结合就发生出'个人的活力和繁复的分歧'，而这些东西又自相结成'首创性'"[1]，呈现着个人的存有在生活世界的本真可能性。体验陌生的生活世界的意义的个人的自由行动"表示以行动开创一新的局面，把新事物带给……生活的共同世界，以及在持续不断的行动实践中完成一件事物……；顺此，自由也表示'引导'"[2]。在以个人自由奠基的意义脉络或诠释基模的发生流程中，年幼孩童对陌生的生活世界有所体验的秩序叙事或秩序认同，是一种本真性的秩序叙事或秩序认同，或是显示着年幼孩童的个人主体性的秩序叙事或秩序认同。

年幼孩童朝向自由的秩序叙事或秩序认同，通达着年幼孩童对已经存在和可能存在的事物的关念，或是对陌生的生活世界的关念，而非对个人在生活世界的"存在的遗忘"。自由的秩序叙事或秩序认同可以不囿于此时此地，

1　[英]密尔：《论自由》，许宝骙译，商务印书馆1998年版，第67页。

2　蔡英文：《政治实践与公共空间：阿伦特的政治思想》，新星出版社2006年版，第113页。

"它不期望，不恐惧，也不受习惯的信仰和传统的偏见所束缚"[1]。在关涉着年幼孩童的日常性话语或叙说中，对年幼孩童的秩序叙事或秩序认同的自由有所措意的言辞，时常就有"自己去做""自己想办法""想怎么做就怎么做""看着办吧""你说呢""你觉得……"等，甚或可能是意在通向"以言行事"的"自由""想象未来""成为你自己""成为自己的神"之类讲述。诸如此类的日常性话语或叙说表达着自由对于年幼孩童的秩序叙事或秩序认同的重要性。在年幼孩童个人为陌生的生活世界的秩序构成进行意义建构的过程中，自由具有"我能"的性质。形之于秩序叙事或秩序认同的自由可解除意志对未来的焦虑不安，或是促成年幼孩童本真性地体验陌生的生活世界的可能性。个人自由地正视、承担和关心生活世界的陌生性，使得秩序叙事或秩序认同总是属于自身的，个人的秩序叙事或秩序认同就是本真的。而不愿正视生活世界的陌生性，只是接受权威或指引者给予的秩序叙事或秩序认同，个人的秩序叙事或秩序认同就是非本真的。

---

1 ［英］罗素：《哲学问题》，何兆武译，商务印书馆2012年版，第154页。

绘本《小熊进城》[1]中的叙事勾勒着一种个人在现代性生活世界中的某种行动境遇的寓言,一种可能对年幼孩童讲述着现代性生活世界的陌生性的寓言。经由小熊表征着年幼孩童的义蕴的设置,于《小熊进城》的叙事开端之处,刚进入城市的小熊就察觉到自身的行动与城市的秩序图景相岔离的某种异质性,或是年幼孩童个人与现代性的生活世界之中的他者无有内在系连的陌生性。而透过此一"人造之城"或现代性生活世界的社会秩序的构织,在之后对小熊或年幼孩童涌现着陌生性的繁复叙事情境中,就以隐喻着年幼孩童的诸多动物的被隔离或监禁来彰显陌生性的"在此"。被隔离或监禁既通达着非本真性的秩序叙事或秩序认同,或是现代性生活世界的一种有着组织性质的权力架构,也意指着一种陌生的生活世界的秩序构造的"理想型"。被隔离或监禁揭显着年幼孩童对本真性的秩序叙事或秩序认同的想象、追寻,或是年幼孩童针对陌生的生活世界的秩序叙事或秩序认同的如何可能。

故事的讲述进程之中,借由拥有魔法画笔之力的小熊

---

1 [英]安东尼·布朗:《小熊进城》,阿甲译,北京联合出版公司2019年版。

与陌生的"人造之城"中具有组织性质的权力结构的对抗，年幼孩童视域中的秩序叙事或秩序认同呈现着两种可能的义蕴。一种是年幼孩童要排斥、否定或抗拒的秩序叙事或秩序认同，即是对年幼孩童的个殊性或本真性施以贬抑、裁剪或操控的非本真性的秩序叙事或秩序认同。另一种是年幼孩童予以接纳或肯定的秩序叙事或秩序认同，也就是能够朝向年幼孩童的个人自由的本真性的秩序叙事或秩序认同。年幼孩童能简明清晰地有所辨析的秩序叙事或秩序认同，通达着两种秩序类型的"理想型"：非本真性的或有着组织性质的现代性秩序的"理想型"与本真性的或自然秩序的"理想型"。能够对陌生的生活世界的秩序构造有所展现的秩序"理想型"的意象，也许会扎根在为年幼孩童上手的生活世界的日常秩序现实中，"既夸大了现实世界里面的某些因素，又省略了其他的因素，……使得这个概念在现实里面是找不到的"[1]。不过，对于意在把握陌生的生活世界的年幼孩童，秩序的"理想型"架构在现成上手的生活世界与陌生的生活世界之间，其基本功能并非是要

---

1 顾忠华：《韦伯学说的当代诠释》，商务印书馆2016年版，第296页。

"在现实中对经验的整理加以对照，看看现实与理想型之间的距离是多远或多近，然后它的理由又何在"[1]，而是旨在为年幼孩童的行动提供某种典范性的行动规则或行动框架。

社会秩序构成的"理想型"的意象，能够指涉着一种观察陌生的生活世界的秩序图像，一种有助于贯通、梳理或编织陌生的生活世界的秩序想象的图像，或是有助于年幼孩童获取一种把握陌生的生活世界的秩序典范。《小熊进城》故事中的"人造之城"旨在筑造的有着组织性质的秩序，不只是试图给年幼孩童奠定一种体验生活世界的基本构架，也着意给年幼孩童个人的意向性脉络设置一种束缚或边界，一种可能困住年幼孩童的本真性秩序叙事或秩序认同的束缚或边界。陌生的赋有组织性质的权力架构的实践，将为年幼孩童交予一种秩序叙事或秩序认同的"注意力的专注"。不过，想象着本真性的秩序叙事或秩序认同的可能性的年幼孩童，不会将其仅仅认作是一种规避、逃离非本真性秩序叙事或秩序认同的虚构之物，或一种停留于日常性话语或叙说中的故事性描画或存在于期待中的乌托

1　顾忠华：《韦伯学说的当代诠释》，商务印书馆2016年版，第296页。

邦，而难免甚或定然会将想象中的本真性秩序叙事或秩序认同贯注在个人的日常生活中，并投注到个人将去往的陌生的生活世界，甚或使其成为一种能够赋予陌生的生活世界以正当性、合理性的参照系，一种生活世界里的当下秩序实践应当予以遵循或达成的秩序典范。

年幼孩童向往的本真性的秩序叙事或秩序认同，或许能够为生活世界的秩序构成的内在义蕴提供奠基性的回答，为生活世界的秩序构成的正当性、合理性提供一种赋有理性解释力的理论性框架，或一种能够用来解释生活世界的日常性秩序构成原则的批判性话语或叙说，一种甚或能够激励年幼孩童观看或投身陌生的生活世界的具情感慰藉的图景。在本真性的秩序叙事或秩序认同之中，具有主体性的年幼孩童能够借由自身行动的可能性和现实性，或其所经验到的生命故事，来呈现其在生活世界的意义脉络中的位置，或是对生活世界的意义构建。但是，本真性的秩序叙事或秩序认同未必能够给年幼孩童提供一种进入陌生的生活世界的行动策略和技术，也未必能够稀释或消解年幼孩童在陌生的日常性秩序构成中遭遇到的特定困境或疑惑。年幼孩童进入陌生的生活世界、实践性地成为特定生活情

262

境里的个人的流程，也许就是逐渐懂得生活世界的实践性构成与本真性的秩序叙事或秩序认同之间有所差异或裂缝的故事，或是懂得本真性的秩序叙事或秩序认同作为一种有助于观察和思考真实生活世界的"理想型"的故事。作为一种"理想型"的本真性的秩序叙事或秩序认同，能够给年幼孩童提供一种体验陌生的生活世界的真实秩序实践的诠释基模，一种在陌生的生活世界的真实秩序实践中具有边界或限度的"知识储存"。

　　在年幼孩童上手的生活世界的实践性日常的秩序构成中，本真性的秩序叙事或秩序认同亦可能并未径直为年幼孩童的特定行动筹划某种操作性指南，或并未直接为年幼孩童培育出某种应对"秩序难题"的个殊性技艺。本真性的秩序叙事或秩序认同将交予年幼孩童的，可能是一种正在到临的提醒、注意或督促、批评，以使年幼孩童关注到秩序构成的当下日常之外，一种在当下之外的秩序未来。本真性的秩序叙事或秩序认同，也意味着在置身于日常性秩序构成的真实情境中的当下的年幼孩童，不仅要诠释本真性的秩序叙事或秩序认同与生活世界的实践图景之间的空缺之处，也得寻找本真性的秩序叙事或秩序认同与生活世界的非本真性的秩序叙事或秩序认同之间有所断裂的根由。这是年幼孩童经验、把握陌生的生活世界的秩序构成的先行性日常实践，或是为处置陌生的生活世界的秩序构成而先行实践的一种个殊性的行动策略和技术。

在意涵着年幼孩童的诠释基模的小熊的意向脉络中，从"人造之城"以外的生活世界或似乎无需关注"为什么陌生"的生活世界，抵达"人造之城"之中的陌生的生活世界，就展现着社会秩序构成的路径替代或改变。"人造之城"的秩序叙事或秩序认同的外现表征中，有着诸如拥挤的街道、林立的商铺、高耸的住宅、黑暗的角落和可能正在到临的、未知的危险之类，亦即彰显出一种具有组织性质的现代性生活世界的陌生性。而小熊及其帮助的动物或年幼孩童着意往前到达的生活世界，则表述着一种本真性的自然秩序的秩序叙事或秩序认同。在此一本真性的自然秩序的运行进程中，年幼孩童将不再作为一种被隔离或监禁的异己者来对待。年幼孩童的不再被隔离或监禁的义蕴，不仅意指着其不再是某种有着组织性质的现代性生活世界的被隔离或监禁的对象，更是指涉着年幼孩童的本真性或自我不会成为生活世界的异己者，或是年幼孩童的自我能够在生活世界里自由地向着他人开放、成为"与他人共同存在"的自我。年幼孩童的本真性在生活世界的彰显，就是把具有一种"完全的意识、活的认识和明确的观点"的个人的主体性或自由展现出来。年幼孩童的本真性是一种个人主体性向着未来的生活世界的自由展现，或是一种个殊性"自决地和自由地在自己的生活中加以贯彻，使之发生作用，得到展现"[1]。本真性的生活世界在当下对于年幼孩童是否陌生，并不会排斥着生活世界是一个共同的生活世界的可能性，一个"向来已经总是我和他人共同分有的世界"的可能性。[2]

本真性的生活世界并非意指着一个当下即是如此或过去、未来亦是如此的实然性的生活世界。实然性的生活世界可能是年幼孩童个人有所熟知的生活世界，却未必是已经得到年幼孩童个人本真性地经验、把握的生活世界，或个人已经本真性地嵌入其秩序构成之中的生活世界。甚或

1　[德]福禄培尔：《人的教育》，孙祖复译，人民教育出版社1991年版，第6页。

2　[德]海德格尔：《存在与时间》，陈嘉映、王庆节译，生活·读书·新知三联书店2014年版，第138页。

正因年幼孩童对其有所熟知,实然性的生活世界才不会展现成一个为年幼孩童个人的行动能够本真性地系连的生活世界。生活世界的"实然性",意谓着生活世界的秩序构成投射到或存在于年幼孩童的秩序叙事或秩序认同中的"实然性",一种在年幼孩童的秩序叙事或秩序认同中正有所展演和连贯的"实然性",一种通达着年幼孩童觉得"生活世界就是这个样子"或"生活就是这样"的意向的"实然性"。实然性的生活世界既能为年幼孩童的个人行动提供一种正上手的秩序图景,也能形塑或影响年幼孩童的意向脉络在未来的可能性。实然性表征着年幼孩童对生活世界的当下秩序构成尚未肯定也尚未否定的意向,个人与生活世界之间"就是一种直接的关系,因而是没有什么可惊奇的关系",一种尚未能使得个人绽显本真性的"惊奇的关系"。这是年幼孩童尚未获得一种完整的个人主体性或个人自由的实然性,一种尚未"敢于面对面地正视否定的东西并停留在那里"的实然性。[1]

本真性的秩序叙事或秩序认同通达着一种社会秩序构

---

1 〔德〕黑格尔:《精神现象学》(上卷),贺麟、王玖兴译,上海人民出版社2013年版,第71页。

成的"天城"式想象，或一种能够使个人拥有本真性或主体性的自由的社会秩序构造。这是一种能够对抗现代性生活世界的陌生性或危险性、危害性的秩序形式，或是个人能够免于陌生性中的不确定性或恐惧的生活世界。在年幼孩童对陌生的生活世界有所经验、把握的秩序叙事或秩序认同中，为了保有对陌生的生活世界的开显性或使得个人往前到达陌生的生活世界的秩序构成之中，就"必须保有最低限度的个人自由的领域"[1]，才不至于贬抑或否定年幼孩童的本真性；个人的自由在这一意义上就是"'免于……'的自由（liberty from…），就是在虽变动不居但永远清晰可辨的那个疆界内不受干涉"[2]。年幼孩童对陌生的生活世界有所体验的开显性，先行性地预置着个人的主体性，即"他是一个人，一个有他自己生活的存在者"[3]，年幼孩童个人是有其自身生活方式的个体，或是任一年幼孩童个人有其特定的个殊性的行动构架。在根基奠定于个人自由的自然秩序的生活世界，作为一种秩序构成问题的

1　[英] 伯林：《自由论》，胡传胜译，译林出版社2003年版，第194页。

2　[英] 伯林：《自由论》，胡传胜译，译林出版社2003年版，第195页。

3　[英] 伯林：《自由论》，胡传胜译，译林出版社2003年版，第196页。

"为什么陌生"将不再是生活世界里的重要问题。对陌生之
为陌生的追问会隐没到个人的日常性视域之外，个人的秩
序叙事或秩序认同所营造的图景中，个人之间是互为主体
性或亲缘性的，而不是"被有意义的主体与无意义的客体、
理性意义与偶然意义中介之间的简单关系所抑制"[1]。亲缘
性并不意味着具有理性的完整性与连续性的意义脉络。

秩序叙事或秩序认同的自由衍生

对于置身在生活世界的特定的实然性境遇中的年幼孩
童，依循着个人于当下所据有的意向脉络或其经验、把握
生活世界的意向脉络的开放性，如何辨识和处置生活世界
的陌生性就通达着一个在当下如何翻转生活世界的实然性
的问题。此一秩序叙事或秩序认同的视域中的翻转，是对
现代性生活世界的特定权力意志加于异己者或年幼孩童的
外缘性约束或控制的否定，或是生活世界的秩序构成在当
下或过去的实然性与生活世界的秩序构成的未来可能性的

268

1　［德］霍克海默、阿道尔诺：《启蒙辩证法——哲学断片》，渠敬东等译，
上海人民出版社2006年版，第7页。

对勘。这就既是对"生活世界不该这样子"或"生活不该这样"的悬空，也是对"生活世界本该是那样"或"生活本该是那样"的期待和权衡。在彰显着年幼孩童的意象的小熊踏入现代性"人造之城"的故事中，经由现代性生活世界的陌生性意象的前置性铺开，个人得以将"人造之城"中的特定生活境遇的陌生性切换成一种未来的本真性秩序的正在到临，一种能够对现代的"人造之城"的"陌生性"予以驱离、替代或遮盖的情境。年幼孩童个人能就"人造之城"衍生的本真性秩序叙事或秩序认同，根植于一种对现代性生活世界蔓延出的特定权力意志的否定或抗争的秩序体验。相比对于"人造之城"对异己者或年幼孩童的有所区隔或监禁、束缚，年幼孩童的本真性秩序叙事或秩序认同则有着对不同生活世界的自由选择的合理期待，或归拢在一种体验或思考生活世界的可能性的意义脉络中。年幼孩童对陌生的生活世界或陌生性的本真性诠释，既是要嵌合于个人体验或思考当下在此的生活世界的实然性的繁复，也是要蕴藉着体验或思考另一种生活世界的可能性。

在年幼孩童对"人造之城"的实然性或陌生性的经验、把握的意向脉络中，能够贯穿或收拢起年幼孩童的某种秩

269

序叙事或秩序认同的生活世界，并非停驻在一种可以正当地"显示在事物的本质中"的秩序构成，一种使得每件事物都处于彼此融贯（cohere）的秩序之中。[1]其间，个人在此一秩序中能够发现自身必须遵守的要求，或是此一秩序已然为个人的建构活动设定有特定功能性需求的生活情境。正如绘本《小黑鱼》[2]的故事讲述中的小黑鱼可以径直进入一鱼群之中，能够没有任何窒碍地达成自身在生活情境中的特定目标。这种社会秩序的想象的意涵，是一种个人的目的能够完全相合，且每个人在成就自己目的的同时也能帮助他人（purposes mesh, and each in furthering himself helps others）[3]。年幼孩童对陌生的生活世界的本真性秩序叙事或秩序认同，并未赋予阶序或某种特定的分殊结构以本体论地位（no ontological status to hierarchy or any particular structure of differentiation），且或生活世界的秩序构

270

1　［加］Charles Taylor：Modern social imaginaries，Duke University Press 2004，p.14.

2　［美］李欧·李奥尼：《小黑鱼》，彭懿译，南海出版公司2010年版。

3　［加］Charles Taylor：Modern social imaginaries，Duke University Press 2004，p.14.

成的基本关注点，就在于社会个体之间的彼此尊重和相互服务（the mutual respect and service）。[1]

年幼孩童对生活世界的秩序构成的本真性诠释或意向，或是年幼孩童对其"自我是谁"或自我在生活世界的个人自由、主体性的澄清，及其对自身能够想象的生活世界或秩序"愿景"的勾描，都暗含且卷入了个殊性的思考、行动和在世存有的方式。年幼孩童对社会秩序构成的想象，镶嵌在经由信念、欲望，以及具有文化构架、历史特殊性的经验型态交织而成的生活世界之中。年幼孩童的秩序叙事或秩序认同所通达的社会想象并不是一组纠缠在"陈述性"话语或叙说中的观念。社会想象是秩序构成中的一种"以言行事"，它不只是一组观念，事实上，它经由赋予社会实践以意义，而使其成为可能（social imaginary is not a set of ideas; rather, it is what enables, through making sense of, the practices

271

1　［加］Charles Taylor: Mordern social imaginaries, Duke University Press 2004, p.12-13.

of a society）。[1]年幼孩童的社会秩序想象也许不能揭开现代性生活世界中通常预设的秩序构建所遮蔽的内在逻辑，却可能攸关着或展开某种能超越当下现存的实然性秩序的未来生活世界的想象。年幼孩童对陌生的生活世界的秩序想象中，一种能够铺展的秩序叙事或秩序认同乃是基于社会秩序的构成，即为了个体之间相互裨益的增进与个体权利的捍卫［for the（mutual）benefit of individuals and the defense of their rights］。[2]此一观念不仅意谓着将"人造之城"中的权力意志的秩序控制策略外推至年幼孩童的日常话语或叙说的边缘，也彰显着年幼孩童的某种生活世界愿景的可能性，借以使当下的生活世界反转或推进到未来的生活世界。与此一根本观念相链接的未来的生活世界或陌生的生活世界，则通达着年幼孩童对可以本真性地揭显着"我是谁"的秩序叙事或秩序认同的构建，或是对一种能够开展个人主体性的自由的

272

1　［加］Charles Taylor：Mordern social imaginaries，Duke University Press 2004，p.2.

2　［加］Charles Taylor：Mordern social imaginaries，Duke University Press 2004，p.4.

生活世界的想象。关涉年幼孩童的日常性话语或叙说中，如绘本《野兽国》[1]《在森林里》[2]《勇敢的艾琳》[3]之类的故事讲述，就勾勒着年幼孩童个人的主体性在特定生活情境的绽显，或是年幼孩童缘于主体性面对陌生的生活世界的不确定未来的体验。

在年幼孩童体验陌生的生活世界的意义脉络的建构中，能够自由涌现个人主体性的行动的一种义蕴，就是个人实践的"现象本质在于彰显与体现。换言之，实践乃是行动者'自我之展现'（a self-presenting）"，"展现不需要任何内在的动机，也不必然产生具实质性的效应或结果"，个人的"行动实践之性质直接呈现行动主体的人格与认同"[4]。个人的行动显示着其所遵循的行动框架、行动规则，或某种确定的实践原则。个人的自由行动揭显着年幼孩童对陌生的生活世界的秩序构成的判断或担当，或是年幼孩童

273

1　[美]桑达克：《野兽国》，宋珮译，贵州人民出版社2014年版。

2　[美]艾斯：《在森林里》，赵静译，二十一世纪出版社2008年版。

3　[美]史塔克：《勇敢的艾琳》，任溶溶译，二十一世纪出版社2018年版。

4　蔡英文：《政治实践与公共空间：阿伦特的政治思想》，新星出版社2006年版，第82页。

"驯服"生活世界的陌生性的责任意识。对生活世界的陌生性的"驯服"不是一种扎根于权力意志的部署中的"驯服",而是表达着对陌生性的意义有所体验或诠释的"驯服",也是一种能够为年幼孩童个人预期未来的生发有所奠基的意义建构。对生活世界正在或将到临的充满不确定的陌生性,年幼孩童个人"只能了解"其所体验的意义或"驯服的东西"。[1]"驯服"概括或界定着个人相涉于陌生性的一种判断或责任意识,一种对生活世界的特定状况承担的责任。"驯服"意指着个人要永远对其所"驯服过的一切负责"。[2]"驯服"陌生性扎根于生活世界的秩序构成中,含蕴着一种将陌生性指引到个人的特定意义脉络或诠释基模中的行动取向。

274

没有奠基于主体性的判断或责任意识的伸展,就不能具有确定性地将个人引到陌生的生活世界具有的意义可能性中,或个人的意义脉络未能本真地理解陌生的生活世界,

1 〔法〕安东尼·圣埃克苏佩里:《小王子》,缪咏华译,广西师范大学出版社2018年版,第111页。

2 〔法〕安东尼·圣埃克苏佩里:《小王子》,缪咏华译,广西师范大学出版社2018年版,第116页。

或是不能本真地彰显个人的秩序叙事或秩序认同。旨在实践自由行动的年幼孩童个人"需要有自觉，并且以带有着一定程度之激情情绪的伦理意识来支撑自我，责任意识才可能出现。责任需要的是，作为社会成员的个体人，怀着细致的态度和自我肯定的意识来加以经营"[1]。个人对陌生的生活世界的意义有所诠释的"责任是一种具道德意涵之自我判断后的自我承诺与期许。既然判断、承诺与期许都是源自个体自我，而非具外在制度性的强制规约，个人心中内化的价值观与伦理意识的重量与质地，无疑地具有举足轻重的决定作用"[2]。借由个人的主体性彰显为一种责任意识，年幼孩童对陌生的生活世界的秩序叙事或秩序认同，就可能具有"最高度的自由，因之它的成员之间也就具有彻底的对抗性，但同时这种自由的界限却又具有最精确的规定和保证，从而这一自由便可以与别人的自由共存共处"[3]。根基于责任意识的秩序叙事或秩序认同，呈现着个

---

1 叶启政：《象征交换与正负情愫交融》，商务印书馆2021年版，第216页。

2 叶启政：《象征交换与正负情愫交融》，商务印书馆2021年版，第218页。

3 ［德］康德："世界公民观点之下的普遍历史观念"，《历史理性批判文集》，何兆武译，商务印书馆1990年版，第8页。

人对其"自我是谁"或个人的自由、主体性的理解或想象，或是贯彻有"成为一个人，并尊敬他人为人"的可能性的体验。[1]

---

1 〔德〕黑格尔：《法哲学原理》，范扬、张企泰译，商务印书馆1961版，第46页。

第七章

行动中的规范和自然态度

第一节

社会生活常理的规范

社会生活常理的意涵

"行事性"的日常性话语或叙说预置着年幼孩童个人与权威或指引者进行"对话"的可能性，或是年幼孩童介入生活世界的秩序构成场域的可能性，甚或是有可能经由"对话"认同特定行动规则或行动框架的可能性。日常话语或叙说的"行事性"的衍生，会构成对年幼孩童的一种激励或约束，目的是旨在"说出一句话语即是做出一个行动"。[1]旨在

---

1 [英] J.L.奥斯汀：《如何以言行事》，顾曰国导读，外语教学与研究出版社2012年版，第6页。

"以言行事"的"说话就是行动本身"（it is to do it），[1]是
涵摄着微观行动规则或行动框架的可能性或现实性的"说
话"。"行事性"的日常性话语或叙说所意涵和指涉的，时
常是"在说话当下的特殊情境中对于发话力道的各种惯常
性规范"或生活世界的微观行动规则或秩序构造。[2]"行事
性"的话语或叙说通达着生活世界里的个人"得有规矩"
的行动。正如日常性话语或叙说中督促年幼孩童"学习做
人的常识""懂得做人的道理"之际关涉的"做人的常识"
或社会生活常理，就时常意涵着在生活世界的"各种常规"
或日常性的秩序构造中"做人"，或是得在特定秩序构成中
"有规矩的做人"，也就是要落在指涉"规矩"的"常识之
言"或社会生活常理所引致的行动正确性或行动轨范中，
或是要践行常识或社会生活常理中的"以言行事"的行动
构架或行动路径。"有规矩的做人"或社会生活常理形塑着
年幼孩童在生活世界的起始性的行动可能性或行动趋向，

279

1　［英］J.L.奥斯汀：《如何以言行事》，顾曰国导读，外语教学与研究出版社
2012年版，第6页。

2　［英］J.L.奥斯汀：《如何以言行事》，顾曰国导读，外语教学与研究出版社
2012年版，第115页。

或构织、框限着年幼孩童的一种具有明证性的生活世界经验。

在关涉年幼孩童的日常性话语或叙说之中，通达或隐含着个人的"做人得有规矩"或须符应社会生活常理的诸多表达，时常就是能将社会生活常理予以概念化或诠释的言辞、故事，有如"要讲道理""不能乱来""要识好歹""总得有个底线""背道而行""瞎折腾""是非分明/是非不分""做事靠谱/不靠谱"或"历来如此""总是这样""众所周知"之类。日常性话语或叙说的"以言行事"中，权威或指引者时常为年幼孩童勾勒着行动"得有规矩"的例证或模范的故事，借以使得年幼孩童能够透过在心中所呈现的某种行动模型，或某种能够跨越时空、成为典范的事件或个人，来分析、判断生活世界中的行动的是非对错。很多这类行动例证或行动模范，可能缘出于某种"很久很久以前"的遥远历史情境，也可能是呈现在年幼孩童所置身的当下生活世界之中。能够指引年幼孩童"做人"的模范是一种编排个人行动可能性的综合性的准据或方法。生活世界的行动模范时常对年幼孩童赋予一种理解生活世界的秩序构成的方式，理解秩序构成的蕴涵则并非是"用以附会一种不可见的秩序，而是用以认证一套可见的秩序"[1]，"认证"生活世界的某种"当然"假定的共享诠释基模。行动模范根植于日常性的秩序构成或社会生活常理的话语或叙说之中，意谓着不断整合个人在生活世界"做人"的行动趋向的自在之理，或是社会秩序构成过程中一种本然具有的真实形态。

对于言说行动模范的故事或探讨个人行动发生的根由、可能性的日常性话语或叙说，涵蕴于其中的社会生活常理，就呈现为一种个人可以依凭的行动可能性的判准，一种似乎意有所指却意义不甚明晰的行动规则、行动架构的渊源。而在日常性话语或叙说中不断对其予以直接或间接地勾勒的"不断"提及的趋向，就使得社会生活常理对年幼孩童绽显为一种总是在场的"历来如此"的指涉之物，一种为个人总是不能避免触及或得接受的指涉之物。借由对社会生活常理的日常性的"不断"提及，社会生活常理的"常在"之在就遮蔽或否定着年幼孩童可能质疑社会生活常理的权威性的态度，或社会生活常理能够在年幼孩童的日常

281

1　[美]格尔茨：《地方知识：阐释人类学论文集》，杨德睿译，商务印书馆2016年版，第126页。

行动中安置一种不容置疑的权威性。社会生活常理成为年幼孩童经验到的一种"现实就是如此"的起始性的行动规范，一种日常的行动规范或理想化的社会秩序图景。社会生活常理几乎能够指涉到一种"理所当然、不可否认的巨大领域，……专断地强加于尚未昏聩到无法领会它们的一切心灵的事实—纯属自然本性的事实"[1]。社会生活常理的义蕴表达着施予个人行动的"得有规矩"、规范性制约或界限，或理解生活世界的秩序构成的某种意义脉络。

社会生活常理诠释着生活世界的秩序构成的理想型，旨在"通过参照一种有关特定时空之社会秩序的理想图景以及一种根据该理想社会秩序而形成的有关……目的的观念去评估各种情势和努力解决各种问题"[2]。社会生活常理意涵着个人以不同的意义脉络来想象其主体性与生活世界的话语或叙说位置的互相对应，或是可以涌现各种行动可能性的空间或场域，一种透过不同个人行动的社会位置之间所客观存在的关系而交织成的网络〔a network of objec-

---

1 〔美〕格尔茨：《地方知识：阐释人类学论文集》，杨德睿译，商务印书馆2016年版，第120页。

2 〔美〕庞德：《法律史解释》，邓正来译，商务印书馆2016年版，第9页。

tive relations（of domination or subordination, of comple-
mentarity or antagonism, etc.）between positions］[1]，或是
能够为个人行动赋予意义、展示着各种具有可能性和现实
性的行动位置的生活世界。秩序构成中的个人行动所涉入
的不同位置，分别对应着与之具有脉络化连结的位置生产
情境。诸如日常生活的某种场合之中，特定的个人和特定
的情境必须适合所意欲的特定行动流程的要求、设定，就
是旨在秩序构成中标定得体的个人行动的位置。在秩序构
成的日常运行过程中，意在"以言行事"的社会生活常理
将不断指引着年幼孩童体验生活世界的可能性，或是架构
着年幼孩童在生活世界的行动惯习。行动惯习形塑着个人
认知及判断生活世界的事实或"社会用法"的理解框架，
是个人在体验社会秩序构成的流程中形成的。行动惯习作
为一个持久的倾向系统，其中的倾向可以说是认知、感觉、
做事及思考的偏向态度，通达着个人遵循特定行动规则、
行动框架的可能性。

　　"做人的常识"或社会生活常理时常通达着个人要遵循

283

1　［法］Pierre Bourdieu: The rules of art, translated by Susan Emanuel,
　　Stanford University Press 1995, p.231.

的行动规则、行动构架，或是个人经由相吻合于某种秩序构成的意义脉络或诠释基模来"做人"的行动。社会生活常理或常识是一种借由具有效力的规范、价值、制度、传统等形构而成的社会实在或社会用法，也是个人在体验生活世界之际做出判断活动的"手推车"或行动模范，或是个人"做人"的某种处世方式和判断行动得体、不得体的方法的模范。社会生活常理或常识"好像是完全按照事物在纯粹自然情况下的本来面貌来呈现事物的它把一种'理所当然'的气息、一种'它这就表示……'的意味加到事物之上"[1]，其涵义"并不是意指个人之间共有的某种理性判断，而是个人在生活世界的一种存有样态，一种个人在生活世界的意义脉络中的存有样态，或是个人能够对生活世界的意义有所体验的存有方式。而对贯通在生活世界的"行事性"话语或叙说的日常性聆听或触及，就不仅可能是年幼孩童在生活世界尝试着遵循社会生活常理的一种筹划或日常性践履，也是一种有助于年幼孩童常识性地营建其自身秩序叙事或秩序认同的微观行动。此种缘出于个人意

1　[美]格尔茨：《地方知识：阐释人类学论文集》，杨德睿译，商务印书馆2016年版，第135页。

向的行动经验，不是一种要沉淀或定义在生活世界的久远历史沿革中的秩序起源的经验，而是一种根植于正在涌现着"日常生活"或社会生活常理的微观秩序构成中的经验，一种个体在现成或陌生的生活世界实践某种行动规则、行动构架的个殊性经验。

年幼孩童在现成或陌生的生活世界聆听、触及或嵌入与其个殊性能相照应的"行事性"的社会生活常理，是旨在扩展或越出当下的生活世界的行动场域，使得个人的行动能够到达未来的生活情境。缘出于在现成的生活世界与权威或指引者的"行事性"话语或叙说相"贴近"的个殊性体验，年幼孩童持续汲取着有助于经验、把握陌生的生活世界的社会生活常理或概念架构，或是不断践行着能够经验、把握陌生的生活世界的微观行动规则或行动框架。借由此一对生活世界的秩序构成的体验流程，年幼孩童的意义脉络及其行动的范围、边界得以构筑或形塑出来。在年幼孩童持续侵染到与其相照应的"行事性"社会生活常理的进程中，就可能不断组建个人体验陌生的生活世界的秩序叙事或秩序认同，或是通达陌生的生活世界的行动规则或行动框架。而社会生活常理在日常性秩序构成中彰显的意义及其展开路径，则框限着年幼孩童对陌生的生活世界具有的秩序想象。社会生活常理的日常性形态，将锻造着年幼孩童体验陌生的秩序构成的可能性，或是意涵着年幼孩童成为生活世界的自由行动主体的可能性。

在关涉年幼孩童的日常性话语或叙说的"以言行事"中，涉及社会生活常理的生活世界是一个生发着繁复可能性的生活世界，不仅藏匿着个人可能遭遇的不确定的危险性或危害性，也涌现着个人可能抵达的幸福生活的可能性。危险性或危害性削减、皱褶甚或阻断着年幼孩童把握陌生的生活世界的欲求，幸福生活则兴起、推动或增进年幼孩童把握陌生的生活世界的欲求。年幼孩童个人总是存身在秩序构成的社会生活常理中的个人，或是置身在日常性的行动规则、行动架构中的个人。对陌生的秩序构成中不确定的危险性或危害性的揭晓或规避，与对可能达成的幸福生活的想望或追寻，不仅有可能为年幼孩童的个殊性秩序想象提供一种重要的意义指引，也将促使年幼孩童不断践行能够体验陌生的生活世界的微观行动规则、行动框架或社会生活常理，并彰显年幼孩童践行某种社会生活常理的样貌。可能体验陌生的生活世界的意义构成的特定路径或微观行动规则、行动框架，则奠基于年幼孩童如何践行日常生活中的社会生活常理。寓居于日常性的秩序构成中的社会生活常理的一种功能，就是能够形塑、界定年幼孩童的意义脉络或微观行动规则、行动框架的可能性。

社会生活常理的有效性关涉着个人对社会秩序构成予以阐释的秩序叙事或秩序认同，或是个人在主观上时常视为理所当然而接受的一种"社会实在"，或保存和维系着一般意义上的行动者在生活世界无法避免的行动根据、不加诘疑的假定。社会生活常理通达着生活世界的平常之人的共同行动倾向，或一般意义上的行动者的日常行动惯习或诠释基模，或是用来观察、界定和理解社会秩序构成的常识性的意义结构。社会生活常理是一种能够形塑个人的主体性的机制，有可能界定着个人体验秩序构成的"自然态度"，即个人在日常生活中对生活世界或对存身生活世界的自身、他者所作的一些素朴的假定，个人的日常性理解、诠释及其行动、实践就是根据这些假定来进行的。社会生活常理可能如实地绽显着一般意义上的行动者的意义脉络或诠释基模，或是行动者理解社会秩序构成的日常意义脉络的可能性。一般意义上的行动者的意义脉络所指涉的是行动者的主观意义，或是由行动在生活世界的秩序构成中的行动者选择或建构的意义、诠释基模。通达着社会生活常理的此一意义脉络是一种可能意谓不同个人的意义脉络的综合体。在社会生活常理的践行中，个人行动的惯习或"社会事件、行为、制度或过程得到可被人理解的——也就是说，深的——描述"[1]。

缘始于对关涉社会想象的"行事性"话语或叙说的日常聆听或触及，年幼孩童对生活世界的体验不同于寻求规律的观察者或研究者的诠释或纯粹理性的观看，而是以一种本然的贴近的经验性行动进入到秩序构成的日常性路径中，或是进入到一种"原则上都可以借由总是再一次之理想性被重新建构"[2]的社会生活常理的指涉之中。社会生活常理的话语或叙说与年幼孩童的日常性"贴近"，是一种如同"近朱者赤 近墨者黑"的个人与行动规矩的"贴近"，一种要将年幼孩童引入特定行动架构的"典范"中的"贴近"，一种为年幼孩童带来生活世界的行动模范的常识性

---

1 ［美］格尔茨：《文化的解释》，韩莉译，译林出版社1999年版，第18页。

2 ［奥］舒茨：《社会世界的意义构成》，游淙祺译，商务印书馆2012年版，第102页。

"贴近"。"贴近"是一种发生在秩序构成流程中的微观性质的连结、相互对应，或是对于社会生活常理中的秩序叙事或秩序认同的"事实性"的接受、拥有。社会生活常理的事实性根源于人们在"事实上"认同某些观念、意象中的有效性宣称，或将某些观念、意象的有效性视之为一种毋庸置疑或理所当然而接受。"事实上"意味着社会事实或社会现象的事实性的毋庸置疑或理所当然。正是在毋庸置疑或理所当然地认同的流程中，就衍生出来某种日常性的"社会实在"，一种流溢在个人的观念编织或意象构造之中的"社会实在"。社会生活常理的事实性指谓着"具有能够从经验中发现并形诸于概念的一种与生俱来的秩序"[1]，其"以言行事"的倾向架构着年幼孩童对生活世界的秩序构成的特定体验，或是为年幼孩童的行动烙印出特定的指引、期待或世界观。年幼孩童的行动指引、期待或世界观展现着个人的秩序叙事或秩序认同，或是个人对秩序构成的意义脉络的经验、判断，其中"混合了客观知识、信仰、传承的文化、个人的信念、情感，与那些涉及主观性的事

289

---

1 ［美］格尔茨：《地方知识：阐释人类学论文集》，杨德睿译，商务印书馆2016年版，第146页。

物"。在一种以主体性的自由生成作为根本构成要素的秩序叙事或秩序认同中，每个人都能够自由地且个殊性地按照其本身的意向去体验，而无须受到他人的某种强制。每个人都可以有其自身对生活世界中的事物和个人的判断。

在社会生活常理的日常性话语或叙说的不断衍生流程中，年幼孩童对秩序构成的体验呈显着一种个殊性的秩序叙事或秩序认同的可能性，或是不断地建构、解构或再建构具有重要意义的事实性，以及生活世界的秩序构成的意义整体的可能性。秩序构成的社会生活常理指涉着一种历史性地组建起来的社会想象，其义蕴的真确性或有效性受制于生活世界的意义构成的谱系。社会生活常理时常呈现为"警句、谚语、隐佚者言、笑谈、轶闻掌故、众所共见的道理，总之大抵是一些箴言式的表达，而非正规的教条、公式化的理论或精心建构出的教义"[1]，也不是一种国家实定法意义上的、具有清晰逻辑结构的行动规则或行动框架。在社会生活常理的话语或叙说熏陶着年幼孩童的秩序经验的过程中，年幼孩童所能通达的社会想象中的行动模范或

290

---

[1] ［美］格尔茨：《地方知识：阐释人类学论文集》，杨德睿译，商务印书馆2016年版，第143页。

一般意义上的行动者的意义呈显，将可能仍然是一种日常生活中无法避免的行动设定，维系着生活世界中的日常性的"社会实在"。社会生活常理指涉的行动模范及其蕴涵的概念或概念架构的含义，只有在秩序构成的特定场合中才能绽显出来或发生作用。社会生活常理的意义是经由其在社会秩序构成中的践行而呈现出来的，就正如一件工具乃是透过其在生活世界的功用来展现其本身的特性。社会生活常理是个人体验秩序构成的"一种工具。它的各种概念是各种工具"[1]。

与社会生活常理相关涉的日常性话语或叙说中，时常出现在年幼孩童的生活情境中的一组关键概念是"好人"和"坏人"。涉及日常秩序构成的"好人"和"坏人"的概念时常会与某种特定的行动角色或范型有所关联。"好人"的概念能够展现某种描述特定的行动角色或范型的语汇，或是与特定的行动角色或范型的外部特征的宣称或描摹相联系，"坏人"则在与"好人"相对立的意象中予以表达，一种对反向于"好人"的特定的行动角色或范型的揭显。

1　［奥］维特根斯坦：《哲学研究》，汤潮、范光棣译，生活·读书·新知三联书店1992年版，第207页。

借由把"好人"或"坏人"的概念摹写为某种似乎昭然若揭的存在，一种易于年幼孩童辨识和解明的外部特征或症状，就使得"好人"或"坏人"的表达、概念在与个人的行动脉络的关联之中，成为一种伸手可及的具体意象。如在年幼孩童常见的故事讲述之中，称谓"坏人"的角色或范型就有形容危险性或危害性的大灰狼、大恶狼、坏蛋、巨人、女巫、后妈之类，意指"好人"的角色或范型则是收拾大恶狼的猎人、给人带来幸福的女王或国王、具有生活智识的长者或老人之类。对"好人"和"坏人"的概念的运用，是着意于把陌生的秩序构成的"本质"明明白白地散置在日常话语或叙说的表面，借以让指引年幼孩童体验陌生的秩序构成的社会生活常理呈现一种浅白性或单纯性。

体验陌生的秩序构成中的"好人"和"坏人"，不是一种旨在经由"陈述性"话语或叙说的语义场来勾描其内在的日常性义蕴，而是对行动在日常性秩序构成中的"好人"和"坏人"的经验，也就是对行动在"行事性"话语或叙说中的"好人"和"坏人"，或与生活世界的"世道人心"相链接的"好人"和"坏人"的经验。"好人"或"坏人"

表征着不同个人在秩序构成中的社会位置之间所客观存在的关系，如支配关系或从属关系、互补关系或敌对关系等。（objective relations between positions），[1]或具有不同行动可能性的个人在秩序构成中的现行与潜在的各种位置与占位（positions and position-takings, actual and potential）。[2]"好人"或"坏人"在生活世界的不同行动可能性和现实性，分别对应着与之形成同形对应（correspond homologous）的各种占位举动。[3]"好人"和"坏人"的意涵诠释着社会生活常理在日常秩序构成中是否得到正当的践行，或意指着生活世界能够呈显的"世道人心"的特定符码的汇聚、收集和规整的一种过程。借由社会生活常理来辨识、判断"世道人心"中的"好人"或"坏人"，不仅言述着社会生活常理界定危险性或危害性的行动规则、行动框架的效应，也昭示出理想的生活情境与实际上达成的生活情境

1　［法］Pierre Bourdieu：The rules of art，translated by Susan Emanuel，Stanford University Press 1995，p.231.

2　［法］Pierre Bourdieu：The rules of art，translated by Susan Emanuel，Stanford University Press 1995，p.232.

3　［法］Pierre Bourdieu：The rules of art，translated by Susan Emanuel，Stanford University Press 1995，p.231.

的殊异性。"好人"或"坏人",是能否对社会生活常理中的行动理想、行动判准有所了然和践行的"好人"或"坏人"。

"好人"意谓着社会生活常理对"世道人心"的一种期望或理想的预示,而对扭曲、操弄"世道人心"的意象的假定就关联着"坏人"。正如郑板桥在谈及年幼孩童的"行事"指引之时曾有所言,"夫读书中举中进士作官,此是小事。第一要明理作个好人,爱子之道在此不在彼也"[1]。年幼孩童要成为可以体验到社会生活常理亦即"明理"的"好人",就是得切中和接受具有普遍性的"一般人"的理想社会秩序的幻构。对于如何与根植在某种蕴涵"有效性声称"的秩序叙事或秩序认同的理想的社会秩序或一般人的"社会实在"相呼应,郑板桥则在年幼孩童"做个好人"的言述中举例说明,如对某种能指引年幼孩童与其同学"互为主体"的经验的行动规则、行动框架的勾勒,"吾儿六岁年最小,其同学长者当称为某先生,次亦称为某兄,不得直呼其名。纸笔墨砚,吾家所有,宜不时散给诸众同

---

[1] 郑板桥:《与舍弟墨第二书》,转引自钟叔河著《儿童杂事诗笺释》,海豚出版社2017年版,第145页。

学。每见贫家之子，寡妇之儿，求十数钱买川连纸钉仿字簿而十日不得者，当察其故，而无意中与之。至阴雨不能即归，辄留饭，薄暮以旧鞋与穿而去。彼父母之爱子，虽无佳好衣服，必制新鞋袜来上学堂，一遭泥泞，复制为难矣"[1]。在描述个人"互为主体"的生活世界中的一种"共同体验"之时，[2]郑板桥进而言及，"家人儿女，总是天地间一般人，当一般爱惜，不可使吾儿凌虐他。凡鱼飧果饼宜均分散给，大家欢嬉跳跃。若吾儿坐食好物，令家人子远立而望，不得一沾唇齿，其父母见而怜之，无可如何，呼之使去，岂非割心剜肉乎"[3]。

社会生活常理的日常性彰显

社会生活常理展现的形态或效应不同于国家实定法的

1　郑板桥：《与舍弟墨第三书》，转引自钟叔河著《儿童杂事诗笺释》，海豚出版社2017年版，第144—145页。

2　［奥］舒茨：《社会世界的意义构成》，游淙祺译，商务印书馆2012年版，第237页。

3　郑板桥：《与舍弟墨第二书》，转引自钟叔河著《儿童杂事诗笺释》，海豚出版社2017年版，第145页。

运行。国家的实定法规则或规范时常能够穿行、施展在生活世界整体之中，是一种能以构筑生活世界的整体性秩序为目标的整体性规则。在经由实定法规则或规范界定出的、赋有权利或权力架构的秩序整体或场域中，则弥散着诸多相互殊异的、具有地方性或局域性的微观生活情境。彼此有所交织亦有所分立的微观生活情境之中，特定的地方性或局域性生活情境就可能内生着特定的社会生活常理，或是衍生着仅仅适用于此一地方性或局域性场域的特定微观行动规则、行动框架。贯彻在此一场域中的社会生活常理就可能是一种低度的制度化构造的场域，一种借由微观的行动规则、行动框架来彰显的社会秩序构成。社会生活常理的运行进程中，弥散其间的此种微观行动规则、行动框架与彼种微观行动规则、行动框架的交互构织，意涵着此种微观行动规则、行动框架所禀赋的意义脉络框限于此一地方性或局域性场域内，彼种微观行动规则、行动框架的意义脉络则受限于彼一地方性或局域性场域内，彼此都不能僭越自身所在的意义组建的特定场域。局域性的行动规则、行动框架可能通达某种现成的生活世界或陌生的生活世界。

296

弥散在特定生活情境中的社会生活常理或微观的行动规则、行动框架，时常会受制限于能够影响或设定、控制整体性社会秩序的国家实定法及其规范传统或意义框架。弥散在生活世界的微观行动规则、行动框架，时常需要倚赖生活世界中的特定实作情境、条件或集体行动的一致性力量，其实体性及对个人的规范之力并非源于某种单向的强制性立法或指令，而是时常透过个人进入秩序构成的日常性叙事或认同脉络来达成。弥散性的行动规则、行动框架将年幼孩童与生活世界的秩序构成连结起来，给年幼孩童的行动提供某种框架和视域（the "frame or horizon"），就如帮助年幼孩童根据不同情况来确定什么是有益的、有价值的行动，或是应该支持什么、反对什么之类。[1]浸润于生活世界的传统观念、行动规范或行动习惯、风俗中的社会生活常理，时常彰显为某种根植于现成的生活世界或局部性生活情境中的"以言行事"或对社会秩序的故事讲述，是个人从起始于年幼孩童之际的生命史历程中一直就在有所触及或体验的行动规则、行动框架。年幼孩童对弥散性

1　［英］Ivor F. Goodson, Scherto R. Gill: Narrative pedagogy: life history and learning, Peter Lang Publishing, Inc. 2011, p.13.

行动规则、行动框架的熟稔或上手，奠定着个人对生活世界的行动规则、行动框架的体验和践行的开端性经验。

借由弥散性行动规则、行动框架的内在相关、串连来组成的社会生活常理，时常是一种关涉个人预期或个人之间的行动一致性的"常识"，一种奠基于生活世界的局域性情境的"地方知识，而非不受地方局限的通则"，[1]或并非是能够贯通在生活世界的整体构架中的某种整体性规则。弥散性行动规则、行动框架不仅通达着特定个人正在践行的某种"行动常规"或"行动模型"，也构建着特定个人将要践行的可能的"行动常规"或"行动模型"。弥散性行动规则、行动框架的效力时常相系于个人经验或检视秩序构成中的某种社会生活常理的秩序叙事或秩序认同。社会生活常理彰显着局域性生活情境所编织的意义脉络或诠释架构中的一种行动范例，一种个人行动的指引或对个人行动的"能是"的期待。社会生活常理能够对安置在局域性生活情境的某种个殊性行动趋向或行动路径赋予特定的意义，使得个殊性的秩序叙事或秩序认同的实践具有某种正当性

1　［美］格尔茨：《地方知识：阐释人类学论文集》，杨德睿译，商务印书馆2016年版，第344页。

或合法性。涉及社会生活常理的秩序叙事或秩序认同，未
必是个人对生活世界中的全部行动规则、行动框架予以理
性判断或价值排序之后的选择。个人体验社会生活常理的
秩序叙事或秩序认同，时常意涵在个人对其所置身的特定
生活情境或局域性生活经验的意义组建中，或是缘于对其
所置身的生活世界的特定意义脉络的一种偶然的承继或遵
循。个人对社会生活常理生发的秩序叙事或秩序认同，呈
现着个人意向性的实践，也就是个人意向性在生活世界的
某种秩序框架中不断开展的过程。

　　社会生活常理不仅意涵着个人在现成的生活世界的行
动取径的微观性质的"行动常规"或"行动模型"，也时常
对个人在陌生的生活世界如何行动的规范性根据或意义
"典范"、意义构架有所揭晓。社会生活常理蕴涵的个人行
动的意义"典范"或意义构架，通达着个人在陌生的生活
世界的某种行动可能性的秩序经验，或是可能界定或梳理
着个人在陌生的生活世界的行动可能性的内涵及其边界。
意义"典范"或意义构架绽显着超越现成的生活世界的可
能性，或从现成的生活世界进入陌生的生活世界的一种秩
序构成的常态性或习俗性。个人是时常经由意义"典范"

或意义构架具有的常态性的可能性来指引自身的行动。个人的"理解、经验和构成都被那些早先的经验所建立起来的常态的和典型的结构、原型和模式所塑造"[1]。"行动常规"或"行动模型"意指着能够影响或决定个人的行动的秩序构成的"理想型",一种可以超越现成的生活世界或对体验陌生的生活世界具有参照效应的行动架构、行动类型。对个人在陌生的生活世界可予以贯彻的"行动常规"或"行动模型"的功能及其局限条件的把握,就时常要透过"行动常规"或"行动模型"如何适用于现成的生活世界的当下经验来达成。"行动常规"或"行动模型"揭晓或架通着借由现成的生活世界去往陌生的生活世界的可能性。个人对于陌生的生活世界的体验,是一种以"行动常规"或"行动模型"来衍生秩序叙事或秩序认同的过程,一种会展演或呈示着现成的生活世界里的某种"行动常规"或"行动模型"的可能性或不确定性的过程。

社会生活常理不仅能够为年幼孩童提供某种诠释着个人在生活世界据以正确行动的"行动常规"或"行动模

1 [丹]扎哈维:《胡塞尔现象学》,李忠伟译,商务印书馆2022年版,第181页。

型"，也能够为个人的特定行动赋予某种意义脉络中的正当性或合法性。在年幼孩童时常能够触及的日常性生活情境中，对于生活世界的"行动常规"或"行动模型"的自如的"上手"，意谓着个人对秩序构成中具有某种正当性或合理性的秩序叙事或秩序认同的接受。借由日常性的"行动常规"或"行动模型"的话语或叙说在生活世界的持续呈现，或在生活世界展现为日常性的秩序构成基础的常见性行动准据、价值准则，年幼孩童将能够经验或理解社会生活常理对于事态的指引或讲述，也就是能够在社会生活常理涵蕴的某种规范性内涵之中"以言行事"，或是以社会生活常理的某种概念或概念架构来表达个人行动的意义。对年幼孩童个人有意义的社会生活常理时常与"偷来的信有某种相同的效果"，能够"如此毫无机巧地摊在"个人的眼前，以致个人会"对它几乎视而不见"。[1]社会生活常理指引或设定着年幼孩童个人的日常行动的方向或内容，彰显着生活世界的日常性秩序构成的当前实践路径或特定的行动规范愿景。透过微观性质的行动规则、行动框架的有效

301

---

1 ［美］格尔茨：《地方知识：阐释人类学论文集》，杨德睿译，商务印书馆2016年版，第147页。

指引，社会生活常理直接或间接地塑造着个人的"在世"可能性。社会生活常理就"行动常规"或"行动模型"做出的秩序叙事或秩序认同的特定表达、阐释，未必是生活世界的"较为精雕细琢的象征体系已经恪尽职守之后所剩下来的东西"，也未必是"把理性所产生的较为精致的成就都撇开之后所残留下来的部分"。社会生活常理时常能够使得个人"免于被迫接受重大的矛盾、理路上明显的不一致以及明目张胆的诈欺"[1]。社会生活常理中言述的秩序叙事或秩序认同，表达着个人行动的规范性根据，或个人在特定的生活事态中能够抵达的深度和广度，提示或限制着个殊性的行动场域的可能性和边界。

年幼孩童个人对陌生的生活世界的体验或度量，时常是借由"行动常规"或"行动模型"可能绵亘存在的秩序经验来行动，或是想象秩序构成的意义可能性。社会生活常理形塑或实现着个人对社会秩序构成的日常性体验所能到达的范围，编织着社会秩序构成的意义的可能性，或是某种显而易见的社会生活的"真实"，以及将个人与真实的

---

1 [美]格尔茨：《地方知识：阐释人类学论文集》，杨德睿译，商务印书馆2016年版，第147页。

"社会用法"或事实性的意义连结起来的可能性。社会生活常理讲述着日常性的秩序构成的故事，是一种呈现在个人意向中的可经验的真实的存在，规范着个人在生活世界的日常性行动构架及行动的常态性后果。个人时常透过社会生活常理"学习到什么才是常态的"，由此个人"就进入了通过世代之链而向后伸展到晦暗的过去的一个共同的传统"。个人是"属于主体之间的常态性中的人"，个人"正是在共同体之中、且通过共同体才成为常态的"。[1]社会生活常理表达着年幼孩童个人要懂得常态性的"人情物理"的重要。在日常性秩序构成的随处皆是"人情物理"的意义呈现中，社会生活常理提醒着个人要对生活世界具有"明净的观照"，或根据一种带有现实此在的层面的"行动常规"或"行动模型"来体验陌生的秩序构成。个人对陌生的生活世界的体验不仅要常态性地践行"以理节情"，也要懂得"酌情准理"，正如"可应用经验与理性去观察人情与物理"。[2]常态性的社会生活常理是"一个受限于传统的

303

1　[丹]扎哈维：《胡塞尔现象学》，李忠伟译，商务印书馆2022年版，第182页。

2　周作人："中年"，《看云集》，开明出版社1992年版，第52页。

规范的集合"[1]，在个人缘于社会生活常理对陌生的生活世界有所体验的过程之中，"先从不知为不知入手，自己切实的审察"，又或"以己所知，照视世间种种言说行事，……有如持灯照暗陬，灯光所及，遂尔破暗，则匡谬正俗实为当然之结果"。[2]社会生活常理也意涵着个人将陌生的生活世界作为"平常而真实的"生活世界，"凡是热狂的与虚华的，无论善或是恶"，都要通达、稳健的而非凌空的对待。[3]对于"人之为人"的常情隐曲有所觉察和判断，是个人体验陌生的生活世界得以可能的一种前提性条件。

304

1　[丹]扎哈维：《胡塞尔现象学》，李忠伟译，商务印书馆2022年版，第182页。

2　周作人：《立春以前》，北京十月文艺出版社2011年版，第181—182页。

3　周作人：《书房一角》，北京十月文艺出版社2011年版，"原序"第4页。

第二节

秩序叙事或秩序认同的自然态度

秩序叙事或秩序认同的自然态度的在场

在仰赖庞大且繁复的法律机制的现代性脉络之中，"现实的法律，在所有人类关系中，小至两人间最简单短暂的相遇，大至最全面而持续的互动，皆俯拾可见。法律是互动的产物，现实的法律在人类活动中持续不断地生成、增强、改变以及终止"[1]。于这种持续的规范性经验中，个人如何践行特定行动构架、行动规则的个体性脉络，或个人如何经验、把握法律或社会秩序构成的意义的秩序叙事或秩序认同，就不仅会在宏观性的（国家的）实定法领域彰

---

1 ［美］瑞斯曼：《看不见的法律》，高忠义、杨婉苓译，法律出版社2007年版，第4页。

显个人介入法律构成进程之中的动态，也将在微观性的生活情境呈现个人所践行的制度文化编码或制度性经验。伴随着现代性社会秩序在中国的兴起，个人如何经验、把握法律或如何经验、把握社会秩序构成的意义的奠基性经验，将径直指向年幼孩童的行动模型或构架的起始之处。此一指向，并非朝着分立于特定"孤岛"的、与他者无涉的年幼孩童个人，而意指居留于生活世界的秩序生发中、与他者的秩序经验偶然性有着某种"共主观性"的年幼孩童。

在20世纪90年代以来的现代性生活世界的制度倾向中，伴随着措意于年幼孩童的绘本、图画书、歌谣或影像之类的叙事话语或叙说文本的兴盛和繁复，能够覆盖到年幼孩童的话语或叙说场域所衍生出来的广度和深度，就呈现出某些新的可能性和现实性。这些可能性和现实性且与关涉到现代性"理想型"的当代社会生活的节拍紧相扣连。而经由落定在现代性脉络中的当代生活世界的构织，于年幼孩童的日常性生活经验所触及的社会秩序构成的话语或叙说图式，就意味着一种"新"的制度文化编码的意向及其兴起，一种与"旧"的前现代性社会构架有所歧异的可能性。"旧"的社会秩序意向中往往铭记着"传统的重要性比了现代社会更甚", 或是"托祖宗之福"而来的、"可以遵守的成法"的"传统的效力更大",[1] "旧"通达着一个具有强烈的道德规训、族群意象与"富于地方性"生活的社会, "一个'熟悉'的社会, 没有陌生人的社会"。[2] "新"的秩序构成的意向则展现着社会秩序中的惊人的改变, 如世俗性的凸显, 个人争取平等权利的诉求日益高涨, 个人的秩序叙事、秩序认同的不稳定性的阴影挥之不去。"新"的社会秩序意向主张着"陌生"成为生活世界的一个根本性论题: 有人的地方, 就有陌生。

"旧"的社会秩序构成中的成员都会或多或少地知道生活世界的相同的特定情势, 而与个人对生活世界的分殊性把握所可能具有的差异性相对照, "个人在日常生活中所遇到的具体事件对于所有的人来说却是极为相似的, 而且他们会因他们所知道的事件以及他们所追求的目标大致相同而一起共事"[3]。个人对生活世界的符码的观看、触及或解

1　费孝通: 《乡土中国》, 北京出版社2004年版, 第72页。

2　费孝通: 《乡土中国》, 北京出版社2004年版, 第6页。

3　[英] 哈耶克: 《法律、立法与自由》第一卷, 邓正来等译, 中国大百科全书出版社2000年版, 第11页。

释、经验，可能先行预置着一种"信息是连贯性散布"或"井然有序、明晰可见"的设定，或是个人用以把握信息的视域是连贯性的，而非是断裂的、失序的。确定性似乎总是氤氲在"旧"的生活世界的地平线上。在"新"的社会秩序构成中，则假定着个人"没有能力把深嵌于社会秩序之中的所有资料或数据都收集起来，并把它们拼凑成一个可探知的整体"[1]。"新"的社会秩序图式里的信息是分立的、不连贯的甚或是个人无从知悉或把握的，或是"每一个社会成员都只能拥有为所有社会成员所掌握的知识中的一小部分，从而每个社会成员对于社会运行所依凭的大多数事实也都处于无知的状态"[2]。社会秩序"结构所具有的大多数决定因素"是个人"所不知道的"，[3]或是为个人所陌生的。"新"的社会秩序构成中的个人可能极为无知，甚或比"旧"的社会秩序构成里的个人更无知。处于"新"

1　[英]哈耶克：《法律、立法与自由》第一卷，邓正来等译，中国大百科全书出版社2000年版，第12页。

2　[英]哈耶克：《法律、立法与自由》第一卷，邓正来等译，中国大百科全书出版社2000年版，第11页。

3　[英]哈耶克：《法律、立法与自由》第一卷，邓正来等译，中国大百科全书出版社2000年版，第11页。

的现代性生活世界里的个人，将可能始终遭遇到秩序构成中的陌生问题。

时刻涌流在现代性生活世界中的陌生，不仅涵蕴着个人意向性中难以意识甚或无以抵达的异域性因缘，也遮掩或放开着个人要认真对待社会秩序构成的日常召唤。陌生或陌生的生活世界通达着"秩序是什么"的问题或"如何经验、把握秩序"的问题。对陌生的醒觉所意涵着的，既是个人对陌生的生活情境的有限度之知甚或全然无知，也是个人在生活世界的秩序构成中的一种界限，一种个人的既有秩序感知或叙事的中断、裂开。陌生的绽显，倒不是对个人经受、把持生活世界的秩序构成的否定或拒绝，而是对个人在生活世界的秩序构成中的限度的呈现和敞开。陌生对界限问题的带出，无异于告诫或督促着个人要审慎地把握陌生，或是在一种优质的理性的视域中对待陌生。而在年幼孩童的日常性生活体验中，个人与陌生的直面蕴涵着个人在生活世界的秩序叙事或秩序认同的展开，一种在于不损害社会秩序构成"作为事实的具体性"，在社会秩序构成的"原封不动活生生的形态中掌握之"的秩序叙事或秩序认同。年幼孩童个人对陌生的社会秩序的经验、把握，意指着社会秩序构成在个人意向性中的发生，或是秩序构成在个人意向性中这样或那样地显现出来。如何经验、把握秩序的问题所能关涉的意涵之一，是对个人如何体验陌生的社会秩序的意义脉络或诠释基模的考掘或建构。

　　陌生的生活世界初始性地染映或沉淀在年幼孩童的意向性中的意义构成，时常是在日常性生活情境中借由"以言语行事"的行为来达成的。"行事性"话语或叙说意指着一个话语或叙说行动归属于某一身为自我的行动者，该行动者在话语或叙说的生活情境中不但可以指称其他的自我，而且他有能力指称自己。日常性生活情境则时常意涵着一种"具有特定约定成俗影响力的公认约定成俗的程序"，或是彰显为个人行动一致性的社会秩序结构，此一结构能够涵盖"行事性"话语或叙说即"在特定情境之中由特定的人道出特定话语的行为"。[1]年幼孩童经验、把握陌生的社会秩序的意义脉络或诠释基模的源初性建构，就是朝向此一"有特定约定成俗"的惯习性影响力的社会秩序结构的意向性体验。而"行事性"的话语或叙说为个人的分殊性

1　[英] J.L.奥斯汀：《如何以言行事》，顾曰国导读，外语教学与研究出版社2012年版，第26页。

社会秩序想象奠基，是个殊性的社会秩序想象的家园。"行事性"话语或叙说构筑或筛选着生活世界的制度架构，内置在"行事性"话语或叙说场域中的制度是对生活世界具有效用的制度，而未具有"行事性"功能或不能达成"行事性"目标的制度是张弛在"陈述性"字词或描绘的脉络中的制度。在生活世界里真实运行的制度是一种"行事之言"，一种有效地表达着个人的秩序叙事或秩序认同的"行事之言"。制度并不是一种以不变的、本质论的方式呈现出来的语意或教义，旨在"行事"的制度是透过生活世界中的个人动作和话语持续地生产、假定、再制并重塑。真实的制度意指着一种展演性（performativity）的动态实践，而非静态的存在物。

置身于生活世界里的年幼孩童，在其持续地回应或摆置生活世界的陌生议题的过程中，个人的行动模型或构架将不断附着于由当前的秩序叙事或认同所导引或决定的特定图式中，或是嵌入一种经由个人的分殊性秩序叙事或秩序认同所指引的取径、倾向。在年幼孩童个人经验、把握陌生的源初性体验流程中，将为年幼孩童衍生出一种秩序叙事或秩序认同的"自然状态"或自然态度。这不是一种如洛克所诠释的、有着道德状态的实质的自然状态，也不是对接于如霍布斯所说的、着重某种人类本能之来源的自然状态。相对于思辨、刻画社会秩序的理性知识的诉求，年幼孩童经验、把握生活世界的秩序构成的自然态度，通贯在个人意向进行的自由构想的经验连结中，或年幼孩童缘于生活世界的陌生性的真实生活经验而生成的秩序叙事或秩序认同中。秩序叙事或秩序认同的自然态度，迥异于肇建在认知主体的科学阐述中的解释模式或先验架构，而扎根在个人的主体性和日常生活的行动取径之中，或个人的日常性基本生活经验、个人的生命历程之中。透过由个人意向沉淀出来的经验脉络或诠释基模来说明社会秩序的确实性和意义，此种自然态度显示着对社会秩序构成的事实性的可能观照，通达着具有诠释意义的知识效应，或一套使得生活世界的秩序构成衍生意义的知识装置、话语逻辑。在关涉年幼孩童的日常性话语或叙说之中，展现或蕴涵着年幼孩童个人的"自然态度"的言辞表达，时常就有诸如"毋庸置疑""历来如此""始终如此""理所当然""我一直觉得""我（总是这样）认为的""就是这样子"或"不用多说""绝对的"之类。能够归拢到"自然态度"的

312

此种日常性话语或叙说，彰显着不同个人对生活世界的秩序构成都可能发展出错综复杂的理解、诠释性架构，或是预设着个人理解秩序构成的某种意义脉络或诠释基模的先行性，一种可以照见个殊性的秩序叙事或秩序认同的在场的先行性。

秩序叙事或秩序认同的自然态度是一种个人行动中的自然态度，一种非经反思的、扎根于"自然生成的"秩序经验、把握的自然态度，一种导致个人"沉湎于眼前的事物而未能进一步思索当下活动的意义以及所在环境的特质"的自然态度，或是一种未经年幼孩童之审慎经验、把握或是年幼孩童未及或未能反思的自然态度，一种处于个人秩序叙事或秩序认同的生发脉络中的源初性态度。在经由个人意向性建构的秩序叙事或秩序认同的自然态度中，生活世界的秩序构成是被素朴地体验到的，即是未加反省就当然而然地把其接受为是一种事实，按照其出现在常识之中的样态去接受它。处于自然态度视域中的生活世界的秩序构成，在个人意向的知觉中"被默认地接受为'实在的'，在意识之外有它的'存在'，而且对于一切平常的追求都是足够可靠的"。在个人对生活世界的行动构架、行动规则的意义有所指向、选择和澄析的自然态度中，行动构架、行动规则是什么（what）的实有性的预设得以悬搁起来，而个人的意向性如何体验生活世界的行动构架、行动规则的意义构成之事（how）则呈显出来，或个人如何践行特定行动构架、行动规则的自然态度的构成（how）就绽显为生活世界的问题。

涌现于年幼孩童直面陌生问题的秩序叙事或秩序认同中的自然态度，是个人注筑其日常认知模态、行动模型或构架的意义脉络的起始之处，或是初始性地锚定着年幼孩童的诠释基模的可能取径。自然态度的个人的意向中时常带着一些尚未得到质疑的"一般设定"，意谓着个人素朴地理解生活世界的秩序构成的知识装置，或素朴地框限着个人体验生活世界的秩序构成的经验脉络或诠释基模。此一自然态度所通达的行动模型或构架，是一种生成于日常的"默会致知"的行动之中的模型或构架，或是扎根于年幼孩童的个人性的灵见意会之中，成就于年幼孩童对其在生活世界的行动经验所行的活跃主动的塑形。这是一种弥散在生活世界的特定场域里的微观行动规则的取径，一种未必具有特定之定形的行动典范的生成趋向，或是其中并没有表现出某种可以一一确指而形诸确定的、明示的规则形式的行动路向，甚或主要是借由社会秩序构成中的根本性范畴而彰显出来的行动路向。其所涵蕴的主旨所在，是能够作为年幼孩童的未来行动的"自然法理""自然法则"或典范的可能性，即为年幼孩童体验陌生的生活世界的行动路径提供一种预期或设定预期的准据，或是可以对年幼孩童的未来行动路径的选择有所约束或影响的"自然法理""自然法则"或典范，甚或使其成为年幼孩童对未来行动路径的"各种论证、解释和适用标准的出发点进行选择的尺度"[1]。对此一自然态度的体验、形塑和理解，时常是特定个人与陌生的生活世界或"陌生人进行一般生活互动的前提条件"；抑或是一个系连于现代性理念的、"异质性较高的当代社会有效运作的前提条件"。[2]

在经由繁复的各种微观社会情境聚合而成的当代社会中，兴起于年幼孩童所置身的生活世界的"自然法理""自

---

1 ［美］庞德：《通过法律的社会控制》，沈宗灵译，商务印书馆2009年版，第4页。

2 ［美］瑞斯曼：《看不见的法律》，高忠义、杨婉苓译，法律出版社2007年版，第218页。

然法则"或典范，不会是（国家的）实定法视域中观看到的立法性质的法律，也不会是一种扎根在演绎性的、类型化的抽象个人行动中的"自然法理""自然法则"或典范，而是一种落实在"有故事"的分殊性个人行动中的"自然法理""自然法则"或典范，烙印着不同年幼孩童的分殊性个人的秩序感知和诠释，或个人经验、把握生活世界的秩序构成的秩序叙事或秩序认同。此一为个人秩序认同所朝向的"自然法理""自然法则"或典范，是在年幼孩童的意义脉络或基模中沉淀下来的一种"知识储存"，其在年幼孩童的行动场域的日常性践行，不仅可能影响着年幼孩童的未来行动选择路径甚或规定着年幼孩童的未来行动选择路径，也可能构建着年幼孩童把握社会行动规则或行动框架的"地平线"，或是诠释（国家的）实定法的意义的"地平线"。例如给予（国家的）实定法中的承认规则或近乎承认规则的行动构架的意义以奠基的"地平线"。承认规则"被人们接受，而且被用来辨识科予义务的初级规则。如果有任何一种社会情境够资格成为法体系的基础，那就是这一种社会情境"。[1]承认规则是"以适用初级规则为目的的习惯性实践，它通过确定何种行为创设了法律来提供确认法律效力的判准"[2]。亲近或缠绕着年幼孩童的"自然法理""自然法则"或典范，则可能会通达着阐释、表述承认规则的"前设性"意义架构，在日常性的秩序经验中探询、构筑、落定甚或质疑、对抗、销蚀着承认规则运行在生活世界的可能性及其边界，为承认规则的构建和运行提供一种特定路径上的经验性理解。

年幼孩童的"自然法理""自然法则"或典范在社会秩序体验中的意义指涉，在周遭的生活世界之中"却是以一种特殊的'一起体验'的方式进行的。在周遭世界的实质作用关系中，我一起体验到，你如何对我的行为有所反应，你又如何诠释我的行为的意义，以及我的目的动机如何引发'你'相应的原因动机等等"[3]。在"一起体验"所通达

1　［英］哈特：《法律的概念》，许家馨、李冠宜译，法律出版社2006年版，第94页。

2　［英］莱斯利·格林：《〈法律的概念〉绪论》，郑斯璐译，载于哈特：《法律的概念》，许家馨、李冠宜译，法律出版社2018年版，第8页。

3　［奥］舒茨：《社会世界的意义构成》，游淙祺译，商务印书馆2012年版，第239页。

的具有整体性的、未分割的生活世界的秩序经验之流中，这种起于"自我—导向"的秩序叙事或秩序认同的持续生发和日常性累积，就可能涵盖个人对（陌生的）他者的行动构想及其行动的实践，甚或可能对接或收束到生活世界里的"常识"的某一个部分，或是"得有规矩"的"常识"或"老套数"的某一个部分。年幼孩童的起始性秩序叙事或秩序认同，是可能渐次演生成个人的一种无需申述正当性或反思的"自然选择"的经验，一种行动规则构架的正当性的"底线"，一种似乎是赋有先验意义或功能的本来应有的"自然选择"的意义视框，或是为年幼孩童未来可能触及的（国家的）实定法视域中的"习惯法""制定法"的观念典范予以经验性奠基的意义场域。

此一奠基性的或先行性的经验，不会是一种仅仅截断或缩守在个人的年幼之期的经验，而是一种能指向秩序叙事或秩序认同的未来之来的开场的引子，或是遥接着年幼孩童对特定（国家的）实定法的未来之来的经验，甚或是未来不再为年幼孩童的个人对（国家的）实定法衍生的经验。年幼的当前秩序叙事或秩序认同是不再年幼的未来秩序叙事或秩序认同的起初。在年幼的当前与不再年幼的未来相通贯的流程中，个人的社会秩序叙事或秩序认同所关涉的体验里"没有任何一项经验是单独存在的，没有一项体验是没有背景的"[1]。个人在生活世界体验到的"经验在每一个当下总是处在和谐一致的状态底下"，或经验的"整体脉络本身是一个经由经验性体验的逐步构成的综合，它相应于一个整体对象"[2]。"在这个经验脉络里有可能出现相互矛盾的经验，但经验的整体一致性总是会维持住。"[3]个人对于生活世界的秩序构成的新的"经验往往都是在特定的框架底下发生"，或者个人"会以既有的架构去迎接新的经验"，将新接触的经验转换成个人"已经熟知的那个样子去加以理解，或是用胡塞尔话来说，用'再认的综合'之方式来处理新的经验"，个人"向来是借由'总是一再如此之理想性'来接触新的经验"，或来归位其在秩序构成中

---

1 游淙祺：《译者导论》，载于舒茨：《社会世界的意义构成》，游淙祺译，商务印书馆2012年版，第xⅷ页。

2 ［奥］舒茨：《社会世界的意义构成》，游淙祺译，商务印书馆2012年版，第108页。

3 ［奥］舒茨：《社会世界的意义构成》，游淙祺译，商务印书馆2012年版，第109页。

的新发生的经验或秩序叙事、秩序认同。[1]

秩序叙事或秩序认同的自然态度的效应

对生活世界的社会秩序构成有所体验的个人，随时都
会发现其"身处于一个由个人生活史决定的情境之中"[2]。
在个人经验社会秩序构成的流程中，所有的生命故事都有
其意义（meaning），或是由讲述者对其赋予某种意义的解
释（the narrator's interpretation of meaning）[3]。个人"在
主体间的日常世界里行动，'……对此世界的任何解释，都
是基于以前关于此世界的经验积淀。……这些经验形成一
个人的"现有的知识"，具有参考架构的作用'"[4]。个人

1　游淙祺：《译者导论》，载于舒茨：《社会世界的意义构成》，游淙祺译，商
务印书馆2012年版，第xviii页。

2　［美］R.伯恩斯坦：《社会政治理论的重构》，黄瑞祺，译林出版社2008
年版，第193页。

3　［英］Ivor F. Goodson, Scherto R. Gill: Narrative pedagogy: life history
and learning, Peter Lang Publishing, Inc. 2011, p.93.

4　［美］R.伯恩斯坦：《社会政治理论的重构》，黄瑞祺，译林出版社2008
年版，第192—193页。

体验到的社会秩序构成的意义是一种诠释性主张或判断，或个人总是"以一套现有的知识储备库"或经验脉络、诠释基模来面对其所置身的生活世界，这个知识储备库"不仅指知识，还包括信仰、期望、规则与偏见"。在个人就生活世界涌现的秩序构成有所体验的进程中，不仅个人于年幼的当前存有中体验到的"自然法理""自然法则"或典范，构成其分殊性的"知识储备库"的一部分，且这个知识库将在未来不断"被考验、精炼与修正"[1]。借由此一知识库的实践，个人展现着其针对生活世界涵育的分殊性秩序叙事或秩序认同。

个人体验到的社会秩序构成的日常性意义"并不一定具有普遍故事的特征"（the universal story's characteristics），或（国家的）实定法期待的意义叙说结构。[2]沿循着个殊性的意义脉络或诠释基模的绽显，社会秩序叙事或秩序认同就成为特定个人表达其对社会秩序构成的经验和期待的视

1　[美] R.伯恩斯坦：《社会政治理论的重构》，黄瑞祺译，译林出版社2008年版，第193页。

2　[英] Ivor F. Goodson，Scherto R. Gill：Narrative pedagogy：life history and learning，Peter Lang Publishing，Inc. 2011，p.99.

域。社会秩序构成的意义是个人在生活世界的"以言行事"中构建和传达的意义。相系着或扎根于年幼孩童起始性的经验、把握之中的"自然法理""自然法则"或典范，或是关联着个人与（陌生的）他者"一起体验"的秩序感的秩序片段或意义要素的自然态度，总是沉淀在个人的秩序叙事或秩序认同经验的整体脉络之中，或是成为（国家的）实定法预置的意义图式可能借引、系连的秩序叙事或秩序认同的篇章。特定个人对（国家的）实定法的意义阐释可以回溯或扎根于个人在生活世界体验到的"活生生的秩序叙事"或秩序认同，一种能彰显个人的自然态度的秩序叙事或秩序认同。缘出于个人的意义脉络或诠释基模的"自然法理""自然法则"或典范，并非寓意着某种与（国家的）实定法预设的秩序叙事或秩序认同不能整合、融贯的秩序体验。也许对于个人呈现着真实性的生活事实而言，只有一种在内容上存在着确定性或整全性的秩序体验，其现实意义就在于它是具体的，一种有着历史意蕴的具体性。个人的自然态度的秩序叙事或秩序认同总是一种呈现在其个殊性的生命历史之中的故事讲述。

在个人就生活世界的秩序构成而具有的自然态度的视

域中，（国家的）实定法对制度或秩序的意义的界定，只是个人可能体验到的"行事性"话语或叙说中的一个片段，即使其是一个重要的或关键的片段。在生活世界的持续的规范性的经验中，（国家的）实定法的意义规定远不如它的运作，以及其运作所创造出来的意义开放性和多重性，一条不断绽显着意义的地平线。（国家的）实定法的意义涵摄并非是"仅隐藏在制定法中，隐藏在抽象而广泛的意义空洞的法律概念中，相反地，为了探求此种意义，……必须回溯到某些直观的事物，回溯到有关的具体生活事实。……没有拟判断之生活事实的'本质'，是根本无法探求'法律的意义'的"。（国家的）实定法的意义并非固定不变的事物，它没有被限制在法律的文字表达之中，其意义会随着生活事实本身而发生变化。（国家的）实定法的意义汇聚在生活世界的秩序构成中，并透过生活世界的秩序构成来得到编撰。（国家的）实定法与生活世界之间的此种意义回溯、相互朝向的甚或扎根性的关涉，并非是基于国家制定法与习惯法是否分离的社会学框架来进行的判断，却是意指着个人就（国家的）实定法或生活世界的日常生活秩序所展开的意义阐释都位于一个具有统整性的意义生成脉络中，或是能够整合到一种具有意义统摄功能的单一视线上。在个人抱持的自然态度的视域中，缘于生活世界的个殊性的秩序体验"不仅不会被具有国家任务属性的法律所取代，而且会屹立不摇"[1]。

个人的秩序叙事或秩序认同直透地呈现出一种具有惯常性的意义样态，或是能在连续的和重复的样态中无终端地开展出来的潜能性。个人的秩序叙事或秩序认同的自然态度之所以是"自然的"，就在于秩序叙事或秩序认同因其意向性而具有一种自然衍生出来的关联性。此一秩序叙事或秩序认同中的意义脉络具有一种贯串通透的性质。在秩序叙事或秩序认同的过程中，任何被意识到的事物或个体，都处在一种连续性的理解和诠释中，一种更为远大的生活世界的意义全体之中，被意识到的事物或个体则成为此一意义全体的部分或特定表征的意象。

秩序叙事或秩序认同所注视的生活世界本身，就成为个人藉由自然态度而有所作为的日常行动的生活世界，日常生活得以进行的一种制度框架或意义框架。透过以秩序

---

1 ［美］瑞斯曼：《看不见的法律》，高忠义、杨婉苓译，法律出版社2007年版，第6页。

叙事或秩序认同中的历史的、习常的可能性和现实性为背景，生活世界中的事物或个体的某种具体给定的意义得以呈现出来。依循着自然态度的个人意向对生活世界的秩序构成的体验、诠释或"现实的法律秩序绝非一种简单的理性之物"[1]。或个人对（国家的）实定法的体验或"理性诠释"是一种意义复杂体，或多或少是一种个人将其分殊性秩序认同或秩序叙事的偏好注入其间的意义构建。个人的自然态度所诉说的规范理念、行动典范可能形塑以及有益于对（国家的）实定法的某种诠释性争论，也就是"使某种标准形式的论证成为可能：寻求透过使某个诠释面对其所不可能说明的一个典范，来检验该诠释或使其困窘"。（国家的）实定法在生活世界的秩序构成中的践行，与有着自然态度的个人如何体验或诠释秩序构成的意义建构相关涉。甚或（国家的）实定法或法律的生命，不在于法律文本的语义逻辑的表达形式，而是法律文本在生活世界的意义如何构成。

　　个人意向性对生活世界的秩序构成的经验、把握，先

325

1　[美]庞德：《法律史解释》，邓正来译，商务印书馆2016年版，第29页。

行性地形塑着年幼孩童个人的秩序叙事或秩序认同的自然
态度。秩序叙事或秩序认同的自然态度，将始终用到"一
种断定行为，一个设定行为，一种'采取立场'行为"[1]。
个人的自然态度呈现着"就已经是如此"的事实性，[2]或自
然态度就已经是在构建或限定着个人如何判断、选择行动
路径的可能性。如生活世界的正当的行动构架、行动规则
的意义应由何处产生，如从道德、习惯或文化传统中产生，
还是从裁判者本身的法律感情中产生，就可能相系甚或取
决于个人的自然态度所呈现着的特定视向或立场。缘出于
个人的自然态度的秩序叙事或秩序认同的日常展现形态，
不仅时常通达着个人所认同或遵循的特定惯习、规则的聚
合体的组建，或个人所认同或遵循的行动模型或行动构架
的组建，也框限着个人对陌生的生活世界的行动构架、行
动规则或（国家的）实定法的理解或诠释。行动规则、行
动框架或（国家的）"法律其实只靠人们的意识或行动等事

326

1　［爱尔兰］德尔默·莫兰：《现象学：一部历史的和批评的导论》，李幼蒸
　　译，中国人民大学出版社2017年版，第170页。

2　陈荣华：《海德格尔〈存有与时间〉阐释》，崇文书局2023年版，第46页。

实来支撑"[1]。借由生活世界的日常性话语或叙说的"以言行事"，个人对行动规则、行动框架或（国家的）实定法具有的个殊性的自然态度，并不是一种对于行动规则、行动框架或（国家的）实定法的"一系列具有排他性观念的、抽象的或孤立的态度"，而是"在人们所说所做中得以生产和显现出来的"，是"在个人所拥有的关于社会生活的实践知识中得以建构和表达"。[2]透过个殊性的自然态度而来的秩序叙事或秩序认同的视向之中，行动规则、行动框架或（国家的）实定法对于个人所呈现的日常性样态，就可能是个人位居其外的，或个人能够对其有所运用的，或是个人要与其进行抗争的（"as something before which they stand，with which they engage，and against which they struggle"[3]）。

　　缘出于个人的自然态度的秩序叙事或秩序认同通往个

1　［日］长谷部恭男：《法律是什么？法哲学的思辨旅程》，郭怡青译，中国政法大学出版社2015年版，第107页。

2　［美］尤伊克，西尔贝：《法律的公共空间：日常生活中的故事》，陆益龙译，商务印书馆2005年版，第69页。

3　［美］Patricia Ewick and Susan S. Silbey：*The common place of law：stories from everyday life*，The University of Chicago Press，1998，p.47.

人本身在觉察秩序构成上的知识基架，影响着个人朝向
（国家的）实定法的意义脉络或诠释基模，也是个人用以理
解或诠释（国家的）实定法视域中的"习惯法""制定法"
的先行性的"知识储存"。此一"就已经是如此"的自然态
度蕴涵着的先行性的"知识储存"，能够具有积极性的功
能，亦可能具有消极性的功能。秉持着自然态度的秩序叙
事或秩序认同的积极性功能，就可能展现着个体性质的秩
序叙事或秩序认同相符于（国家的）实定法的叙事视域或
预期，是对（国家的）实定法的叙事场景的补充性或承接
性的微观抒写。有着自然态度的秩序叙事或秩序认同的消
极性功能，就意味着对（国家的）实定法所揭示或隐藏的
秩序叙事或秩序认同的解构，彰显着（国家的）实定法的
歧视、偏见及其空洞的单薄性，即是（国家的）实定法难
以容纳生活世界中的种种的复杂和矛盾，或遮蔽着特定个
人的秩序叙事、秩序认同或特定个人行为的独特意义，以
及行为发生的脉络。在个人的秩序叙事或秩序认同的自然
态度与（国家的）实定法教义以为理所当然的社会秩序想
象之间，可能存在一种隐而未显的意义构成的不能或相互
指涉、过渡架构的断裂。

结　语

有意义的社会秩序构成如何可能

　　贯穿于生活世界的社会秩序生成的过程，个人的日常性生活场域似乎是时常摆荡、沉淀在"（国家的）实证法的门前"，与（国家的）实定法的法律运行场域保持着或远或近的间隔，甚或可能始终是（国家的）实定法场域的局外人或异乡人。个人在日常生活场域的应对和纠缠之中，甚少与（国家的）实定法中的法律规则特别是立法性的法律规则有常见性的直接关涉，也甚少能够对法律规则特别是立法性的法律规则的内涵予以实证性或法律教义学性质的理性阐释、运作。与此一景观相系连的一种问题意识是，个人如何经验、把握法律或如何经验、把握社会秩序构成的意义，或是在个人的日常生活故事中如何展现、对接（国家的）实定法性质的法律场域或法律言述。其实，在打从19世纪中叶伊始的现代性脉络的参照和审思之中，个人

如何经验、把握法律或个人如何经验、把握社会秩序构成
的意义的问题意识就可能挥之不去。如在卡夫卡的《审判》
和《城堡》、加缪的《局外人》的叙事中，日常性生活场域
与（国家的）实定法性质的法律场域有所断裂、疏离，或
是个人与（国家的）实定法有所疏离、异化的景观，都在
"局外人"或"异乡人"的主体意象的书写之中得到了一种
典范性的勾勒。对"'局外人'或'异乡人'是谁"的抒
写，或对生活世界的某种"离异"（divorce）或是"深奥莫
测与陌生疏远"就是"荒谬"的讲述，[1]也就是对个人的
"日常连续的行为中断了，而心灵徒劳地寻求重新连接这些
行为的纽带"的追问，[2]甚或是对个人逃离、遗弃这个不再
溢出意义的（国家的）实定法的生活场域的言说。在"局
外人"或"异乡人"的日常性生活的秩序构成之外，（国家
的）实定法性质的法律场域所营建的世界呈现为一个"难
解与陌生"或"荒谬"的、无有意义的"密闭无隙"的

1　傅佩荣：《荒谬之外：加缪思想研究》，东方出版社2013年版，第36页。

2　［法］加缪：《西西弗神话》，杜小真译，人民文学出版社2011年版，第23页。

世界。[1]

借由个人如何经验、把握（国家的）实定法的意义，甚或是如何经验、把握整个社会生活中的法律或如何经验、把握社会秩序构成的意义这一问题意识的指引，回勘肇始于20世纪80年代的中国法律知识的专业性生产场域，其中所衍生出来的审视或论题之一，则主要扎根于法律现代性脉络中的"国家与市民社会"的思考典范或知识型。如梁治平的《寻求自然秩序中的和谐》《法辨》[2]，邓正来的《市民社会理论的研究》[3]，就试图展演出现代性中国的秩序构成的基础和关键主题，或是在以中国法律/制度为典范的文化景观或历史脉络中思考个人践行特定行动构架、行动规则的可能性。一种与之有所异趣的书写图景或主题，则是个人在当下生活世界的秩序构成中的特定行动经验的可能性，或在个人的日常性生活经验、日常行动谱系中触

331

1　［法］加缪：《西西弗神话》，杜小真译，人民文学出版社2011年版，第24页。

2　梁治平：《寻求自然秩序中的和谐》，商务印书馆2013年版。《法辨》，中国政法大学出版社2002年版。

3　邓正来：《市民社会理论的研究》，中国政法大学出版社2002年版。

及和描述个人践行特定行动构架或行动规则的可能性。如路遥的小说《平凡的世界》[1]构织出一种想成为"城里人"而始终未得完美达成的"乡下人"。对可能关涉"城里人"与"乡下人"的不同理想型或经验脉络的界分，不只是探讨"乡下人"或"城里人"的"身份"是否得到（国家的）实定法秩序的制度性认同，也是在诠释着一种难以应对特定秩序构成的局外人或外乡人的理想型，一种未能嵌入（国家的）实定法视域中的城市性质的社会秩序之内的异乡人。借由勾勒"乡下人"之为"局外人"的话语或叙说所敞开的阐释视域，就彰显着当下的个人如何体验生活世界的秩序构成的重要，或个人在生活世界的秩序构成中如何存有的意义可能性，以及日常生活中的个人的经验脉络、诠释基模与个体性行动脉络如何架构的重要。

社会秩序构成的意义表达着个人对社会秩序构成的体验的存在，或对社会秩序构成的理解要借由个殊性的体验本身着手。在社会秩序构成的意义呈现中，彰显着生活世界的一些因素彼此之间的可理解的关系。社会秩序构成的

332

---

1 路遥：《平凡的世界》，北京十月文艺出版社2021年版。

意义所指涉的，有如个人想象其社会存在的方式、个人如何待人接物、事情在个人之间的推进方式、通常可以达成的预期，以及作为这些预期之基础的更深层的规范性概念与图像（notions and images）[1]。因循着现代性诠释脉络的社会秩序构成之中则充斥着某种双重想象的表意系统。此一表意系统具有的两大要素，一是有关个人自主性的理解，将个人视为意识与行动的主体；另一则是有关世界是理性的判断，即世界是可以根据一种逻辑原则来加以理解的。缘于现代性的社会秩序构成或社会秩序想象的一种蕴义，就是生活世界的各种行动规则、行动框架并非是起于人之外的某种神圣的或神秘的立法者的产物。个人的自主性或主体性的假定则通达着个人体验社会秩序构成的秩序叙事或秩序认同的流程。个人如何经验、把握（国家的）实定法的意义，或个人如何经验、把握社会生活中的日常性行动规则、行动框架的意义，抑或个人如何经验、把握整个社会秩序构成的意义，都直指着社会秩序的意义如何构成，或是个人如何体验社会秩序构成的意识生活的基本事实。

333

1　［加］Charles Taylor：Mordern social imaginaries，Duke University Press 2004，p.23.

意义的构建既是事实性的，也是规范性的（factual and normative），呈现着个人能够理解社会秩序构成的通常的进展方式，而同时又与它们应当如何进展以及何种失误使其无效的观念相交织在一起。[1]社会秩序构成的意义彰显着个人与社会秩序构成的结合形态，或是社会秩序构成对于个人具有可体验的主观价值，是个人可能经验到的一种持续的事实或有着某种确定性的事实。

个人对社会秩序构成的体验或社会秩序构成的意义，意谓着一种诠释性的历程，揭示着个人在社会秩序构成中的行动可能性。个人体验到的社会秩序构成或对社会秩序的构成赋予个殊性的主观意义，指涉着一种"具体地、感性地和直观地被给予的"[2]经验，或是个人行动的目的与生活世界之间的互动问题。蕴涵着个人主体性的社会秩序的意义构成，能够对生活世界建构出某种具有想象力的诠释，其始终处于成为某一意义构造的过程之中，社会秩序的意

334

1　[加] Charles Taylor: Modern social imaginaries，Duke University Press 2004，p.24.

2　[丹] 扎哈维：《胡塞尔现象学》，李忠伟译，商务印书馆2022年版，第172页。

义构成不是一种现在之在，而是一种尚未存有或正在到临之在。社会秩序构成的意义的自由涌现或意义可能性的存在是个人体验社会秩序构成的本真性义蕴。社会秩序构成的意义与个人的经验脉络或诠释基模的关联性"可以是没有时间限制的：它可能不只是前瞻的，还关系到未来立法者的立法运作，并且它也可能是回顾的，即指涉过去的运作"[1]。且社会秩序构成的意义总是在未来的意向中得到书写或被诠释。个人在陌生的社会秩序构成中体验属己的存在，或实现自身的本真性。为了面对正在等待着其经验的陌生的生活世界或应该预作筹划的陌生的生活世界，个人将基于未来的陌生的生活世界应该如何或是可能如何的暗示或明示，从自身的意义脉络或诠释基模来衍生个殊性的秩序叙事或秩序认同。

缘出于个人体验社会秩序构成的错综复杂的诠释性态度，社会秩序构成就不会是一种机械性质的实体。个人将试着赋予社会秩序构成以某种意义，或是根据某种意义的可能性，将社会秩序构成的历程或其中的特定意象予以重

335

---

[1]　[英]哈特：《法律的概念》，许家馨、李冠宜译，法律出版社2006年版，第60页。

塑。意义是一种个殊性的经验脉络或诠释基模的生命力与其表白之间的关系，是个人对生活世界的陌生性的遮蔽、化转与重构，或是将陌生性带到自身的经验脉络或诠释基模中来理解。意义所绽显的，没有来自自我以外的东西，或一切外在的东西早已在内在之中。[1]社会秩序构成的意义是个人意向的相关之物，对社会秩序构成的意义的体验通达着个人与陌生的生活世界之间可能衍生出来的融贯性，是个人与社会秩序构成的关联、结合或统一。社会秩序构成的意义是透过关涉着陌生的生活世界的日常性话语或叙说的不断"以言行事"，或是经由陌生的生活世界与现成的生活世界之间想象的和并非常见的连接，才"通过日常行动和实践得以建构起来"[2]。社会秩序构成的意义是一种根植于个人的生命史流程中的秩序叙事或秩序认同，一种对社会秩序构成如何可能的故事的个殊性讲述或践行。社会秩序构成的意义关涉着个人对生活世界的行动规则、行动

---

1 ［爱尔兰］德尔默·莫兰：《现象学：一部历史的和批评的导论》，李幼蒸译，中国人民大学出版社2017年版，第201页。

2 ［美］尤伊克，西尔贝：《法律的公共空间：日常生活中的故事》，陆益龙译，商务印书馆2005年版，第66页。

框架的理解或遵循，或是个人"成为"生活世界的一种在此或在彼的"定在"的可能性。社会秩序构成的意义彰显着个人对生活世界的某种行动可能性或行动趋向具有特定的注意模态，或是个人在其经验储存中的某种或某"一个境况中所执行的注意活动"，也就是将社会秩序构成的特定故事讲述"归位到事先被给予的经验的整体脉络底下"。[1]个人对社会秩序构成的特定故事讲述的注意转向的行为，是个人将其从自身的生活世界经验中撷取出来，加诸以自我的识别、反省、确认之类诠释行为，使其变得清楚和明确。对于个人没有意义的社会秩序构成，则意谓着关涉社会秩序构成的个人意向性的事实的某种尚未，或有待个人将社会秩序构成的故事讲述放到或归位到其自身的整个经验脉络中。没有意义的社会秩序构成即是个人被"定在"某种陌生的生活世界的行动可能性或行动趋向之中，或是个人被抛在对陌生的生活世界的行动规则、行动框架的遵循之中。个人的存有就成为社会秩序的意义建构中的一种"多余的符码"。

1　［奥］舒茨：《社会世界的意义构成》，游淙祺译，商务印书馆2012年版，第103页。

社会秩序构成的意义衍生于个人的内在经验之中，或是缘出于某种根植在具有个殊性的生命故事或生命史历程中的秩序叙事或秩序认同。社会秩序构成的意义是一种具有时间性或历史性结构的意义，社会秩序构成的流程整合着某种经过每一代人不断沉淀，不断重新构成的历史。而个人与社会秩序构成此一"历史性的、生成性的背景的融合，正像自我的时间结构那样，不可分离地属于自我"[1]。社会秩序构成要对个人的当前具有意义，要能在当前的生活世界中继续发生作用，就有赖于个人在其当前存在的生命史状况之中重新讲述社会秩序构成的意义。社会秩序构成的意义像"一部永不结束的连贯小说"，蕴藏着个殊性的一再理解，一再诠释的历史性。体验社会秩序构成的特定个人就如同一个作家，总要于回顾与前瞻的结合中，经由过往已经完成的部分，向前继续撰写这部小说。有意义的社会秩序是个人能够体验到的一种秩序构成模态，或是绽显在某种个殊性的生命史的内在经验之中的社会秩序构成，一种与个殊性的秩序叙事或秩序认同有所交会的秩序构成。

1　[丹]扎哈维：《胡塞尔现象学》，李忠伟译，商务印书馆2022年版，第189页。

有意义的社会秩序构成意涵着个人的生命流程中的"以言行事"的故事讲述，或社会秩序构成的意义与个人"对某一特定的生活形式的参与联系在一起"，此一生活形式是在个人的"生活和行动的方式中展现出来的"，既体现在个人的"过去的生活史中"，也体现在个人的"当下的与未来的行动及反应方式中"。[1]个人体验社会秩序构成的理解或诠释活动，对个人如何行动的实践有所反馈，并随之改变其形态。个人行动的实践会不断意涵、孕生或推动新的理解或诠释活动。个人对社会秩序构成的意义的组建或诠释是一种彰显主体性的活动，一种体验有意义的生命故事的实践所在。个人的主体性是完全脉络化的主体性，或对社会秩序构成的个殊性的体验，只能是一个主体在某种历史脉络中存有的体验。成为一个体验社会秩序构成的主体，意谓着个人置身于某种互为主体性的历史脉络中，或讲述着某种互为主体性的故事的生命史历程之中。

　　社会秩序构成的意义根植于个人的建构性诠释，或是扎根在个人所经验到的诠释基模中。在一种建构性诠释之

339

1　［英］M.麦金：《维特根斯坦与〈哲学研究〉》，李国山译，广西师范大学出版社2007年版，第110页。

中，为了使某一事物或实践成为其所隶属之形式或类型的最佳可能实例，而将某种目的赋予该事物或实践。（Roughly, constructive interpretation is a matter of imposing purpose on an object or practice in order to make of it the best possible example of the form or genre to which it is taken to belong.）"[1]社会秩序构成的意义的"建构性"并非是"日常社会关系之外的东西"，而是个人在运用秩序构成的话语或叙说之际"所进行的社会互动的一种特征"。社会秩序构成的意义指涉着"一种关系模式，这些关系是在日常生活中形成的"。[2]个人在生活世界经验到的社会秩序构成的意义，深植于某种个殊性的生活处境或微观性质的行动规则、行动框架之中，其可能具有的意涵未必相符于（国家的）实定法旨在达成的秩序叙事或秩序认同的内在逻辑。出于（国家的）实定法的组建的秩序叙事或秩序认同的基础，则可能是一种奠基于特定理论架构的、统计意义的生命史描述，或可能是一种建立在某种意识形

1　[美] Ronald Dworkin: Law's Empire, The Belknap Press 1986, p.52.

2　[美] 尤伊克，西尔贝：《法律的公共空间：日常生活中的故事》，陆益龙译，商务印书馆2005年版，第52页。

态意义的话语或叙说架构中的生命史想象。如缘于国家与市民社会的二元分立的理论视域做出的抽象个体的勾勒。个人体验到的社会秩序构成的意义与（国家的）实定法假定有意义的秩序叙事或秩序认同相异的一种意涵，是能够聚拢着个殊性的社会秩序经验的"社会的需要和社会的意见常常是或多或少走在'法律'的前面的"。社会秩序的构成"可能非常接近地达到它们之间缺口的接合处，但永远存在的趋向是要把这缺口重新打开来"。个人在生活世界经验到的幸福的或大或小，将可能直接或间接地受限于甚或"完全决定于缺口缩小的快慢程度"。[1]此一"缺口"彰显着社会秩序构成的意义具有一种复数性质的义蕴，汇聚着不同秩序叙事或秩序认同的经验脉络或诠释基模。

341

在生活世界中有所行动的个体不是棋盘上的棋子，"棋盘上的棋子除了手摆布时的作用之外，不存在别的行动原则；但是，在人类社会这个大棋盘上每个棋子都有它自己的行动原则，它完全不同于立法机关可能选用来指导它的

1　[英]梅因：《古代法》，沈景一译，商务印书馆1959年版，第15页。

那种行动原则"[1]。社会秩序构成的意义缘出于个人从年幼孩童之际起始的生命史历程之中。在年幼孩童理解或体验社会秩序构成的可能性的行动中，随着个人对各种生活情境的不同体验或诠释的彼此发展，各个单独的有意义体验将连接成某种相互关联的意义脉络，或是诠释社会秩序构成的某种理想型性质的秩序叙事或秩序认同。年幼孩童经验到的社会秩序构成的意义的日常性实践，时常是一种透过日常性话语或叙说来理解秩序构成的故事的"以言行事"。年幼孩童总是生活在某种描述社会秩序构成的秩序叙事或秩序认同的日常中，或是借由日常性话语或叙说来勾勒生活世界的秩序构成的故事之中。年幼孩童触及的社会秩序构成的故事，可能是一个有着完整或不完整的叙事架构的虚构故事，也可能是对某个当前的生活片段或历史场景的非虚构性质的言说。日常性话语或叙说中指涉着社会秩序构成的"讲故事"，不仅在于故事能给年幼孩童提供某种行动典范的类型化知识，更是出于故事能够为年幼孩童对生活世界的体验提供某种行动指引，或是有助于年幼孩

1　[英]亚当·斯密：《道德情操论》，蒋自强等译，商务印书馆1997年版，第302页。

童构筑自身的经验脉络或诠释基模。日常性的"讲故事"也许总是意涵着生活世界的秩序图景的如何构成。在关联着社会秩序构成的可能性的"讲故事"的日常性持续展开过程中，年幼孩童体验到一种诸如"是与非""对与错""正当与不正当"之类表达秩序构成的概念架构，一种使得年幼孩童能够涌现自身的行动意向的概念架构。

借由对日常性话语或叙说中的某种故事、概念架构的判断和选择，个人就从日常性的描述社会秩序构成的故事和讲故事的过程中获得意义，并能够创造出一个新的自我故事，这个故事可能改变某一事件的意义及其描述，甚或该事件对个人生活于其中的更为宽广的生命故事的重要性。[1]意义表达着个人在社会秩序构成中的行动可能性，或是年幼孩童体验到生活世界的某种常态性、某种对生活世界的常态性的构建。意义绽显着社会秩序构成的可经验性、可理解性，或是某种可以使年幼孩童有所体验、理解的可能性，而非让陌生的社会秩序构成呈现为某种不能预见、不能触及或变动不居的、没有意义的生活情境。意义的绽

1　［英］Ivor F. Goodson, Scherto R. Gill: Narrative pedagogy: life history and learning, Peter Lang Publishing, Inc., 2011, p.24.

显讲述着个人在生活世界能够经验到的自身生命故事或生命史的连续性，或是年幼孩童如何经验或诠释某种彰显着社会秩序构成的故事、概念架构的可能性。意义在生活世界的呈现，关涉着一种使事物的意象自然现身的秩序构成样式，或是一整套促使事物的意象自行呈现出来的故事讲述的逻辑或概念装置。意义彰显着个人体验社会秩序构成的概念脉络或概念设定，或是在为年幼孩童诉说着某种如何在陌生的生活世界正确行动的规范、模型，或是为年幼孩童标记出某种如何在陌生的生活世界正确行动的路径。意义也将一种秩序构成的整体性赋予日常性话语或叙说中的故事、概念架构。在社会秩序构成的意义整体的发生过程中，年幼孩童就可能筹划着自身的个殊性的生命故事或生命史的想象或推进。年幼孩童体验到的社会秩序构成的意义是由年幼孩童透过自己的生命故事看待自己的方式所决定的，并据此来定义或诠释其具有个殊性经验脉络的生活（through their stories and thus defines their lives accordingly）。[1]

1 ［英］Ivor F. Goodson, Scherto R. Gill: Narrative pedagogy: life history and learning, Peter Lang Publishing, Inc., 2011, p.31.

344

　　与社会秩序构成的意义的指涉将促使年幼孩童个人明晰或重构自身的秩序叙事或秩序认同。关涉着社会秩序构成的日常性话语或叙说中的"讲故事"，时常不止于对某种概念的琐屑的絮叨或内容虚空的某种观念结构的重复性言说。故事的言说"反映和维持了制度和文化的安排，为日常生活中的社会互动与更广泛的社会结构之间的鸿沟架起了一座桥梁"。日常性的故事将生活世界"描绘成由故事讲述人所居住和理解的世界"[1]。"讲故事"阐释着年幼孩童的指引者或年幼孩童自身对其可能体验到的陌生的生活世界的想象，或对陌生的生活世界的抽象化意涵的理解、建构，"讲故事"也诉说着年幼孩童对社会秩序构成中的自由行动主体的认同。经受到日常性话语或叙说中的"讲故事"的影响的年幼孩童，将在故事讲述的不断渲染中造就个人的"天经地义"的意义脉络或诠释基模。年幼孩童在日常性话语或叙说中经验到的故事、概念架构，"一旦被赋予特定的意义，它就会追踪沿着整个空间它所被遵循的线

345

1　［美］尤伊克，西尔贝：《法律的公共空间：日常生活中的故事》，陆益龙译，商务印书馆2005年版，第48页。

条"[1]。日常性话语或叙说中关连着社会秩序构成的"讲故事",时常是放置于一种未来的意义绽显的指引之下。未来的意义绽显是呈现着年幼孩童可能体验陌生的生活世界的未来的意义显示,或是年幼孩童经由未来的行动可能性来理解自身如何进行秩序叙事或秩序认同的意义构建活动。日常性话语或叙说中的故事讲述并非仅着眼于社会秩序构成的故事逻辑如何发生,而是重在此类故事能够成为一种充满象征的刻画,一种通往未来的生活世界的秩序构成如何建立和持续的言说。缘出于故事讲述中具有未来的或陌生的生活世界应该如何或是可能如何的诸种暗示或明示,年幼孩童认同或安置着林林总总的日常性话语或叙说及其中的故事。

于旨在通往未来的或陌生的生活世界的摆渡中,年幼孩童对社会秩序构成的想象形塑或影响着其行动可能性,或是对某种行动规则、行动框架的理解和实践。个人具有的社会秩序构成的想象并不是一组观念;事实上,它经由赋予社会实践以意义,而使其成为可能(social imaginary

---

1 [奥]维特根斯坦:《哲学研究》,汤潮、范光棣译,生活·读书·新知三联书店1992年版,第116页。

is not a set of ideas; rather, it is what enables, through making sense of, the practices of a society）[1]。想象着未来的或陌生的生活世界的个殊性秩序叙事或秩序认同，彰显着个人在生活世界的存有的可能性。借由对未来的或陌生的生活世界的社会想象，年幼孩童个人就体验到生活世界涌现出来的差异性，或是将生活世界的陌生性予以删减、抹平或转变的可能性。在不断通往生活世界的陌生性的秩序叙事或秩序认同中，年幼孩童个人呈现着生活世界的意义如何可能的故事讲述，也彰显着"我是谁"或"我的愿景"的故事组建。个人对陌生的生活世界的体验或在世存有主要就在赋予意义的活动上，体验通达着一种在世的投射计划，亦即个人的体验意谓着个人已经被投入一个解释过的世界中，"在此世界中行为的可能性依赖和被投向该已被经验的解释"[2]。缘出于个人之在世存有的实作，年幼孩童在陌生的生活世界敞开一种使得事物本身有所显示的视域。

347

1　［加］Charles Taylor：Modern social imaginaries，Duke University Press 2004，p.2.

2　［爱尔兰］德尔默·莫兰：《现象学：一部历史的和批评的导论》，李幼蒸译，中国人民大学出版社2017年版，第296页。

为什么要写"论陌生"？

是五年前的一个黄昏隐没之际，从房间的窗子望出去，月亮立在江上，与其清澈的水中之影，彼此光华相对、静默着。我问及身边的小朋友MuYi：跟月亮里的嫦娥仙女打声招呼吧？MuYi的回答是，不要和陌生人说话。相视笑笑，一时无有言语之际，我竟蓦然想起当年的三月末。时值春日，江畔的花草树木，罗列而出，无声无息。抬眼望去，景象竟然仿佛艾略特书写着的荒原，只是我已无"四月是最残酷的月份"（《荒原》艾略特）之念想。这与年少之我观看到的那时天地是判然有别。向着年少敞开的视线，就是在花草树木与水的繁盛中，断断续续地总有一点美感兴起。如今的视域所浮现者，则为一些花草树木与水形成的荒原或不是荒原中，只是一些花草树木与水。

在某种充斥着"必须以沉默待之"（《逻辑哲学论》维

特根斯坦）的意义断裂或意义沉潜的生活世界中的陌生，岐异于山和海之间"你有你的孤傲/我有我的深蓝"（《山和海》陈敬容）的陌生。陌生的生活世界的陌生性，倒未必意谓着从当前的在世存有中抹除意义的可能性，也不只是给存有的"现之在"勾画一个到此或到彼则为止的界限。生活世界的陌生性意指着一种总是以未来的视景得到注意的"现之在"的陌生，或揭示着始终会有更多的陌生性绽显的陌生。"现之在"的陌生的生活世界是陌生不断地到来的一种生活世界。我与自身"必须保持沉默"的某一个生活世界之间的陌生，本是起于我的年幼之时。中经数年，此一陌生性似略微有所减少。不料过去近五十年，我与这个生活世界的陌生性竟仍是纠缠不休，若已然置于一片陌生之境而从来不得脱出。此种景象，大概有点相类于古人所言及，"繁华靡丽，过眼皆空，五十年来，总成一梦"（《陶庵梦忆》张岱）。我似乎成了某一个生活世界里的流亡者或等待"清算"的老实人，某一个生活世界则展现为一个没有故事讲述的生活世界，一个只能以独白来消受的生活世界。事已至此，寻索其中的一点缘由也就可能有所必要了。

我着手探讨社会秩序构成的陌生之为陌生，实是起意于一个生活中的片段，或小朋友MuYi的一声拒绝。借由年幼孩童体验生活世界的初始性来展示陌生的社会秩序构成的义蕴，则本乎陌生的本真性是其来有自（All grown-ups were once children-although few of them remember it. *The little prince*），具有一种生命史或生命故事的历史性构造。

如今，MuYi居于甚远之地，欢语笑腾之间相熟于当地的生活。而我在阅读卡缪的文字世界之余，写下本书初稿，算是对一点浮生旧事的略做说明。

向着陌生而生活，是一个我似乎总在经历的故事。故事中，曾经期待过生活世界的某种陌生性会隐匿、断绝（Wait for a time, exactly under the star. *The little prince*），也有过任由某一生活情境的陌生性泛滥而无动于衷。当然，在某个一瞬间或另一个一瞬间，也出现过对某种生活境遇的陌生性的祈祷，指望其当下就能够意义丰盈，具象于大地之上。想起来，在陌生的生活世界活着，或只是在陌生的生活世界里活着而已，也许不只是我一个人经验到的故事吧？

2022年2月7日，于杭州江畔

致　谢

在写作这本书的过程中，我所受惠的著作或前辈、朋友多得让我难以一一致谢。暂时按下不表，也许是不想凝视一份知识的浓妆。本书的出版亦颇为不易，我还是要特别感谢梁治平先生，因为他的鼓励和帮助。我也要感谢蔡宏伟教授、刘小平教授和韦之教授、宋慧献教授，他们的热诚让我跨过一段茫然。

我要著明我对靳振国师弟的谢意，是他的可贵帮助才使得本书的出版成为可能。最后我要感谢MoMo，她总是激励着我去思考，让我不只是懂得：真实的生活放不下傲慢的洁癖。